# Beyond Civilization
# 當文明成為高牆

## 為什麼生活在進步的社會卻不快樂？

Daniel Quinn 丹尼爾・昆恩 著，黃漢耀 翻譯／導讀

獻給瑞妮
也獻給哈普與C.J.
同時特別感謝1998休士頓研討會的所有成員
他們為本書的鋪述扮演關鍵角色

還要感謝司科特．華倫譚與莎拉．華許
你們讓我繼續前行
也保持頭腦清醒

年輕人與無家可歸者快速在社會經濟領域聚合
這個現象在本書中已經有所指明

大部分無家可歸的人是非志願性的
可許多年輕人不識愁滋味反而嚮往

如果有任何人
希望從生活中有更豐富的獲得
而不只是期待在貪婪的世界中求得溫飽
那麼本書願意特別獻給他們
也獻給他們的希望

## 【目錄】

## Part 1 人類文明的困境／035

# Part 2

# 被拋棄的文明／065

## Part 3

# 走離金字塔／095

# Part 4

# 走向新部落制／135

# Part 5 歡呼的部落／163

Part 6

# 新部落革命／183

## Part 7

## 超越文明／225

【推薦序一】

# 點出現代文明真實面貌的新寓言

政治大學社會學系榮譽教授
陳小紅

擺脫了鑽木取火、使用石器、鐵器和銅器的階段，一直以來，「文明」都為人類所追求及肯定的。文化人類學者和社會學家更再三灌輸給我們「『文明』是『文化』發展到極致的產物」之觀念。不僅如此，美國及西歐等第一世界的強權更以形塑「文明」的標竿姿態自居，琢磨出「現代文明生活」的模式，讓廣大的第三世界國家苦苦追隨，亟思並駕齊驅甚或迎頭趕上。

本書作者卻企圖藉另類思考，鼓吹和傳播「如此這般」的文明是人類必須盡速超越的。摒棄了說教式的鋪陳方式，作者以「寓言」式體例，闡釋未來人類終須回歸「新部落式社會」的重要性。蓋因在六十億人口的地球上，倘吾人繼續目前的生活方式，我們所將面對的是奮不顧身地極欲達到似乎永無盡頭「富裕」的最高點。只是，誠如作者所云，「**地球可以容忍許多人以貪婪、浪費、污染的方式過活，就是無法忍受『所有的人』**

**以這般方式過活。**正如這個世界可以支持幾百萬名法老王，但無法支持六十億的法老王。」作者強調「變化」而非「同一化」，萬物才能順利運作。他指陳：「我們的問題不是人的生活方式『不好』，而是他們以『同樣的方式』生活。」此外，作者也提及文明出現的地方，部落就會枯萎，而代之以階層制度。「**階層制度對統治者而言，運作得非常良好，但對組成社會的一般大眾與被統治者而言，就不見得那麼好了。**」

他舉了「馬戲團」及自己曾經辦過的〈東山新聞報〉為例，主張「超越文明就必須超越階層制度」。作者認為：「馬戲團的存在不是為了賺錢，反而賺錢是為了讓馬戲團繼續存在。」在馬戲團裡，「每個人的利益都跟全體的成敗、存亡息息相關，對部落有好處，就對每一個人有益，從團主到賣棉花糖的小販都是。」因此，「**馬戲團的表演者若夢想推翻老闆，有什麼好處？馬戲團的工人夢想推翻表演者又有什麼好處？**故此，為馬戲團強裝一副社會階級的馬鞍，大可不必；把馬戲團想成部落同盟反而比較合理。」於此「生命共同體」裡，留給下一代的，並非真正的財富，而是比較可靠的生存方式。作者論述了此一全球發展之新方向中需仰賴許多的「自願貧窮者」，彼等樂意以永續的方式過生活，但勢必得放棄一些俗世的東西。作者指出：「**超越文明不是一塊地理區域，而是一個社會與經濟的範圍，是開放的部落人追求自己目標的地方。**」因此，「人們不必到某個地方去超越文明，而只須過不一樣的生活。」據此，「部落的成員不是部落的雇員，他們就是部落。他們願意開發最低限度的機會，去填補經濟缺口，並在許多資源中接受微薄利益……在階層化社會中，老闆是高高在上的，而在部落裡，他不過是另外一名工作者。」

本書作者強調他無意推翻政府，廢除世上的資本主義，讓文明消失；反之，他主張：「**不必打敗巨人，只需改變他的思維方式。**」他舉工程師建造耐震的建築為例，說明順應（地震）並非投降。「在拉鋸的時候讓步，順應不僅是最大聲的辯詞，同時也是最大贏家。了解、順應，而非對抗，奇妙的事情才會發生。」同理，**對無家可歸者，政策首重除罪化，解除管制，「不把他們趕到我們認為舒適的地方，而該幫助他們活在他們認為舒適的地方。」**

總之，本書以充滿哲理的手法，提醒世人審思人類「文明」的未來，如作者所言，對於未來，我們不再需要往往只作反應式的「規劃」，而是在新思維體系下的「遠景」（vision）！

【推薦序二】

# 文化鄉愁未曾熄滅
## ——「探索文明出路」的意義

政治大學台灣文學研究所講座教授
陳芳明

富有歷史感的知識，往往在文化上展現兩種悖反的思維方式：一種是向後看的鄉愁式的眷戀，一種是向前看的烏托邦之追求。前者是對已逝的歷史抱持起死回生的期待，後者則是對從未誕生的歷史懷有無窮的希望。這樣的眷戀與追求，誠然應該得到祝福。**尤其是人類文明越來越朝向同質化的階段發展時，歷史所帶來的不再是憧憬與昇華，而是無盡的幻滅與墮落。當一種文明發展到了迫使人類需要尋找出路時，它本身顯然是出現問題了。**

同質化的文明，曾經帶著「現代化」的假面，從資本主義帝國蔓延到殖民地世界。那種侵蝕的力量，蠻橫而傲慢，幾乎不是任何古老的文明能夠抗拒。所有的部落，所有的原住民，都在文明擴張的災難下受到摧殘，終而遭到徹底夷平。**凡是被現代文明定義**

**為「未開化」或「未開發」的社會，都難以逃脫「落後」、「野蠻」的污名，最後都無情地淪為歷史的灰燼。**

現代化的攻勢，藉助殖民力量的膨脹而所向披靡。如今，現代化又更換了新的面具，它叫做「全球化」。從前的殖民地母國，搖身變成所謂的八大工業國。這些少數的超級強國，使用知識經濟的名義，針對第三世界進行更上層樓的掠奪。在殖民地時期，帝國主義只是從事經濟壟斷與政治控制的活動。現在則是在思想上、精神上，進行更為根本的支配。曾經被視為神祕難解的人們的潛意識或無意識，已經可以讓各種商品自由進出滲透。潛意識的世界竟然也可以商品化時，人類精神層面的同質化趨勢，已是無法設防了。

部落主義的提出，意味著現階段全球化浪潮下正在醞釀的一種逆向思考。**文明越進步，並不表示人類就越幸福。追求更高尚、更精緻的文明，越成為人類心靈的負擔。人類創造更多的文明，就創造更多的支配與干涉，也創造更多的囚牢與罪過。**部落主義並不主張應該重返原始社會，它代表一種心理狀態，一種生活方式，一種價值觀念。**通過化繁為簡的生活態度，把人類的合作精神尋找回來，也把相互信任的能力尋找回來。**這樣的精神與能力並未消失，只是被遺忘而已。《當文明成為高牆》重新燃起我們的文化鄉愁，只要鄉愁未曾熄滅，歷史仍然充滿希望。

【推薦序三】

# 跨越鼓勵消費的文明高牆

區紀復
心靈素樸生活家

新自然主義的編輯打電話找我，希望我為《當文明成為高牆》寫序推薦。我雖然對出版社及這本書同感陌生，等我看了簡介及新書譯本後，我想他們似乎找對了人。

我在花蓮「鹽寮淨土」生活了十五年，起初因為看到資本主義社會提倡科技、工業、消費、速食等文化，對所謂二十世紀的進步文明而導致環境生態污染與破壞，感到痛心。

我們有一群志同道合的伙伴，最初想由解決垃圾問題開始改變這個社會，便開始推行垃圾分類、資源回收、舊物再利用等，以為問題可因此解決。不過社會上仍有很多人認為這是多此一舉；再加上工廠大量生產製造，人們大量消費、丟棄，垃圾永遠也分不完收不盡。資源回收其實只是收拾經濟發展、工業製造及消費文化所遺留下來的爛攤子，並不能解決根本問題。

我們反省之後，覺得人如果有中國傳統的「惜福」美德和生活態度，大概就不會如此浪費。可是整個社會是鼓勵消費的，國家經濟政策鼓勵生產；科技工業進步使生產愈來愈快，產品愈來愈多，愈來愈便宜；媒體廣告的現代化、多元化更助長這種趨勢，誰會去惜福？只有宗教人士吧！

惜福可不是讀書、上課、看電視就能學到的東西，也不是呼籲、宣傳、貼海報就能使人遵循的規範。人要從哪裡學習這種精神呢？現代人如果能有機會過簡樸生活，也許惜福精神會比較容易進入心中吧？於是**我們設計了一個「鹽寮淨土」，使人們可以來體驗一下不同於今日物質、消費、功利取向的另一種生活方式，反省現代文明生活的價值，進而改變生活態度。**我們也在進一步構思，建立一些自由、平等、民主、和平、關懷、信賴、分工、合作、分享、喜樂、平安的小小大同村。

我曾利用不少時間到世界各地去參訪類似性質的地方，如美國的阿米許（Amish），以色列的奇布茲（Kibuttz），法國的方舟（L'arch）及真福團（Beatituades），英國的經濟共同體公司（Common-wealth Co.），巴西普世博愛運動（Focolare）的共融經濟企業（Economy of Sharing）等，也研究了一些公社、共同社區、生活團體等組織。

想不到丹尼爾．昆恩（Daniel Quinn）在新書《當文明成為高牆》也提出了同樣的構想。書裡介紹了許多新的理念，如：我們要放棄、離開現有的掠奪式文明，從階級制度中出走，走向「新部落制度」。所謂「新部落制度」就是一群人結合，為求生存而平等工作。在部落裡大家不是在放棄某些東西，而是在生活中獲得更多東西。部落就像一個大家庭的延伸，提供安全感。

他認為在這場新部落式的生活革命中，不必攻擊、對抗原有的文明，只要改變思考方式，打開我們新的心靈，過另一番生活新貌，便是成功地跨越了現有文明的極限。這是人類朝向下一個文明前進時，所必須進行具創造性的偉大冒險！

**當然，在我的實踐和昆恩的理念之後，不會所有人都往這方向改變，但是只要有越來越多的人願意改變，世界就會不一樣。**大同世界不會一天就成功，也可能我們都未必能看見它成功的那一天，不過仍然要試著盡每一分力量。當然，**我們的力量是有限的，不會影響世界多少，不過仍然要開始一試。**

昆恩的很多想法與我不謀而合；我目前在採行的生活方式，也正符合了書中所提倡的「具創造性的多樣生活」。我衷心向大家推薦這本值得一讀、充滿各種新觀念的好書。

【推薦序四】

# 希望把觀念落實在組織裡

台灣蠻野心足生態協會理事長

《當文明成為高牆》書中的立基論旨指出，人類在幾百萬年之前就已經很上軌道了，可是短暫的「文明」卻讓我們走上歧路。好消息是，以超越現今文明的方式過生活，這樣的能力就在我們的基因裡。昆恩先生在他的《大猩猩對話錄》小說三部曲中點出，問題的所在不是人類本身，而是文明。很顯然地，我們有良好的基因，可以把問題處理得更完善，在演化過程當中過著比過去一萬年更豐富的生活，而且歷久不竭。

我們思考上的兩大盲點，形成了一股壓倒性思想，亦即我們一直以為，現今文化中的任何東西都是美好的，而且只要些許的規劃與更高明的科技，就能解決所有的問題；也就是說我們不易釐清造成問題的文明屬性，可是一旦能指認這些屬性（無論從意識上、潛意識或無意識），我們就能運用發明能力去遮蓋這些問題，接著再去創造眩迷耳目的娛樂。

昆恩先生的著作不僅指出了文明的問題，同時也提供了闡明這些問題的見解。在書中我們獲得了清楚、實際的建言，可以去除我們的無知，因為從無知衍生出的漠不關心，讓我們看不清日常活動對環境與社會所產生的後果。

昆恩透過寓言與例子指出，我們傾向於注意不希望發生的事情，而不是把能量放在所欲的事情上（舊心靈思考著：如何阻止某些不好的事情發生，而新心靈思考著：如何讓我們想要的事情發生）。他邀請讀者把這些課題徹底想清楚，而且他的目標更是要鼓舞讀者，希望大家成為自己權益的先驅。昆恩主張，我們不能坐等「領導人」或期盼「彌賽亞」，因為文明發展的歷史顯示，這些被挑選的少數人，如果自限於文明的範圍之內，那麼他們不僅無法帶我們走出當前的混亂，更會把我們推向未來的毀滅境地。

部落制的社會組織已經完好運作了數百萬年，而且不會功成身退。就我個人而言，我一直企圖把昆恩先生的觀念落實在我所參與的團隊裡。

我認為昆恩先生主張，在企業環境中的公司擁有者與管理階層（或是任何有權的職位），必須殫精竭慮為同仁創造熱忱貢獻的氣氛。這並不是說，傳統制定規章、預算、計畫等等的用心，完全是一種誤導，而是這些「手段」（預算、規則、程序）經常被管理階層誤用，反客為主，成為企業的本質。

也就是說，無論是在教育、經營、政府機構中，這些規則與規劃成為最高主宰，支配並指導組織的文化，整個產業就此繞著「規劃」的設計與維持而團團轉。組織中最重要的定位就是經常以規劃為取向，因此這些組織的核心職能所欲開發的資源，徹底迷失在包裝、行銷、獲利與適法性上面，因著目標與規劃而獲利的人，多半汲汲於阻擋改變，而這些人往往就是有權力主導改變的人。

由此可見，上行下效的改變較不可能發生；而且，不能夠也不願意質疑一些基本假設的人，也不可能改變。在這些假設清單上的最根本假設就是：文明是人類最終極的成就（所得到的最好東西），儘管伴隨而來的是充斥著貧窮、戰爭、社會不均、環境災害的惡果。

書中提到一個觀念很令我喜歡，就是公司對同仁薪俸的給予，可能以「同仁」的需求為準則。這並不意謂公司沒有考慮到人力供需、能力、企業體的生存，而是藉此機會想像，如果公司的薪水發放標準是以「個人需求」為前提，這將會是怎樣的面貌？

傳統上，熟悉且令人感到舒服的做事方式，可帶來「有效率」、「有影響力」的結果，但是看一看過去文明的「成績單」，有效率與有影響力的同時，也帶來「必要的損害」——社會動盪、戰爭與心理疾病不斷增加。而且更令人擔憂的是，環境不斷惡化，更多物種被滅絕，人類甚至也在滅絕的名單之內，實在可悲。

所幸，昆恩讓我們知道文明之外的另一個模樣，更重要的是，他提醒我們，想到達那裡，我們不必發明任何東西，只需重新找回那些早已存在的東西。

昆恩在其他的著作上也表示，對於未來，我們只能預測，無法保證。保證是神的領域，我們這些凡人能夠預測、能夠在人間世繼續努力足矣。《當文明成為高牆》給了我們很好的觀念，那就是不必扮演神的角色，而是如何返歸人類之本。

我花了些時間爭取到本書的中文版權，很高興看到中文再版終於問世。希望臺灣的民眾每位能夠人手一本，也能把其帶來的訊息和理念引介到中國，以及其他正在積極地學習當代消費式「文明」的地方，避免地球承擔更倍數化的摧殘。

二〇一八年二月

【中文版序】

# 拯救世界，成就更滿意的生活

丹尼爾・昆恩

本書的英文版我遺漏了某些東西，我想，在此提出這件事並無損於本書的主題，我的小說三部曲——《大猩猩對話錄》（Ishmael）、《B的故事》（The Story of B）、《My Ishmael》，都在探討拯救人類居住的世界。本書則探討如何避開我們文明中毫無意義的競爭，同時找出更令人滿意的方式過生活。

因為我沒有提及這個主題的轉折，所以許多讀者覺得困惑。他們看不出成就更令人滿意的生活與拯救世界有何關聯。

我必須說，其實這兩個目標是互補的。理由之一就是，我們正在狼吞虎嚥全世界；我們實在太飢餓了，許多人類最基本的需求都沒有被滿足，所以我們用更好的車子、更快的電腦、更大的電視來填補這一空洞。

第二次大戰之後，美國與臺灣都走進類似的軌道：我們必須超前。

我們沒有注意到（至少在美國如此），這樣的超前與經濟成長，與獲得你想要的，並非同一件事。**我們的超前與核能競賽一直是配對的，所幸核能競賽已瓦解，可是卻與**

**起憂鬱、嗑藥的流行病，陡升的自殺率（特別是年輕人），以及超出限制的人口增長。**

我們變得焦慮，感覺被剝奪、缺少安全感，這一切變得很平常。可是，難道這是正常的人類情況嗎？絕對不是。那是我們發明出來的，而且就像我們大多數的發明，不斷改進，越來越好——意思就是，我們變得更加焦慮，更被剝奪，更沒有安全感，而且是隨時隨地。

五十年前我還是個少年，我們隨時覺得，天堂就在身邊。五十年後，我們的感覺恐怕是，災難隨時在身邊。

**滿足六十億人類的需求，所耗費的代價，就是讓我們共生的物種每天有兩百種以上消失；我們生在大滅絕的時代，危險性不亞於恐龍消失的白堊紀。**

如果還有兩百年之前的人活在現在，他們的生活方式一定與我們相左。我有自信敢這樣說，是因為**如果用我們的方式生活，人類絕對不能活過兩百年**。我甚至可以精確指出他們與我們的特殊差異處：如果我們這裡有兩百年前的人，他們的生活重心絕不會放在狼吞虎嚥整個世界，藉此填補內心的空洞。我也有相同的自信做這種預測，因為如果人們繼續狼吞虎嚥整個世界，藉此填補生活中的空虛，兩百年後絕對不會有人類存在。

拯救世界，成就更滿意的生活方式，這兩者不是互相衝突的目標。相反地，我們不可能只完成前者，除非我們也同時完成後者。

寫於德州休士頓

【譯者序】

# 無限風光盡被占

黃漢耀

本書即將譯完之時，讀到唐末羅隱的一首詩：「不論平地與山尖，無限風光盡被占」。

盛極而衰的唐朝末年是個亂世，流寇四起，藩鎮割據，境外又有契丹、女真、吐蕃的擾亂，政局黯淡、民不聊生。

這時候一海之隔的神仙島臺灣，仍然在世界的舞台之外，沒有烽火連天。島上的平埔、高山部落人沒有「文明」，不知道國家、皇帝、戰爭是什麼意思，過著本書作者最為推崇的生活，「裸體紋身……冬夏一布（遮屁股），粗糲一飽，不識不知，無求無欲，自遊於葛天，無懷之世……」

將近半個千禧年之前，西洋海權的殖民文明入侵了，荷蘭人引進栽培農業，然後漢人大量移墾……看看現在，到處是馬路、工廠、檳榔樹，「不論平地與山尖，無限風光盡被占」。

何止台灣，這已經是全球現象。整個世界不斷被「文明」蠶食，變成人類的農場、加工場、菜市場。

「採得百花釀蜜後，為誰辛苦為誰甜？」其最大的獲利者當然是權貴階級法老王，因為金字塔是為他們而建的。

如果臺灣的原住民（或是非洲的布希曼人、巴西的亞農馬密人）未受「文明」騷擾，他們依然會沿用原來的生活方式，繼續十萬年、百萬年、千萬年，更重要的是，不會對世界或地球環境造成什麼影響，因為他們依循的是「天然法則」。

**而「文明人」在地球只不過生存了一萬年，人口爆炸，生化核武戰爭、全球暖化、反聖嬰現象，愛滋病、SARS，污染、生態失衡，精神病、憂鬱症、暴力、變態與自殺，甚至禍及動植物，逼迫它們慘烈滅種，而且更緊急、更嚴重的，文明人可能在數百年內因此自我毀滅……**

嘗到百花蜜甜頭的少數權貴，毀滅實不足惜，可是數十億蒼生也要跟著一起陪葬，何必呢！

上述「文明」與「不文明」的差別與禍害，就是昆恩不斷在他的寓意小說《大猩猩對話錄》與《B的故事》中反覆闡述的論點。

《大猩猩對話錄》讓昆恩獲得小說透納獎，書中以一隻大猩猩先知教導，要我們重新思考一萬年前被「大遺忘」的人類生活。《B的故事》主角是神父，經歷衝擊與煎熬，重新學習如何讓人類不再互相剝削、蹧蹋環境，與萬物共生共存。

昆恩把演化過程中的人類分為兩種，就是「掠取者」（taker）與「捐棄者」（leaver）。捐棄者「遵循自然法則」，他們的生活形態可以一直回溯到百萬年之前的人類初始之際；而掠取者則是「違抗自然法則」的人，始於一萬年前的農業革命。

這兩種人的最大差別在於，在生物競爭場中，「捐棄者」以合乎自然的方式，採取「有限競爭法則」，他們可以為食物殺死其他物種的競爭對手，但是不會殘害或發動戰爭。

「掠取者」則毀滅競爭對手，凡是有害他們生存的其他存在物，一律消滅。所以擋住他們生產糧食的任何東西，昆蟲、爬蟲、細菌、森林、河川、高山或是動物、其他種族的人類，一定要加以征服。

蜜蜂不會讓競爭者接近築在龍眼樹上的蜂巢，但是「掠取者」不但不讓競爭者接近蜂蜜，更不得接近龍眼、接近果樹、果林，甚至會噴農藥把其他不相干的生物趕走、滅絕，全部殺光光。

沿著這一趨勢發展下去，掠取者早晚會互相吞噬，或者殺到無物可殺，成為地球上的單一物種，被生態法則所反噬。

為此，先天下之憂的昆恩先生，希望我們能以遵循自然法則的「新部落革命」生活形態「超越」現有文明。他說：「為害這個世界的，並非人類，而是某種文化……我們不需要改變人類，以求得生存。我們只需要改變某種文化。」

這種「改變某種文化」，就是他所提倡的「新部落革命」，在「新部落」過生活並非重回茹毛飲血的原始狀態，用槍與箭打獵或抓螞蟻昆蟲為生，而是像馬戲團沒有階級之分，利益共享的生活形態，然後以這種新生活形態顛覆傳統的剝削經濟體系，達成「超越文明」的新時代。

多麼沉重的呼籲與期待！其實一千多年前的道家，他們看透人類殺伐殘酷的滅毀是因為「知慧出，有大偽」的違反自然政治鬥爭，所以也有返歸「自然」的呼籲，**道家的「小國寡民」與昆恩的「新部落主義」理念不謀而合。**

只不過「小國寡民」是政治烏托邦，「新部落革命」是經濟理想國。這兩者都要解構僵化、宰制的文明系統。

「人法地，地法天，天法道，道法自然。」人的存在生物性是有為有私的，地道無為有私（以物競天擇的生態淘汰化生、化滅萬物，故成其私），天道自然無為無私。有為有私的人如果少了節制，就容易走上「掠取者」之路，所以要遵循「地之道」的無為有私，這就是「有限競爭法則」，夠吃夠用即可，不必濫殺無辜，甚至「損不足以奉有餘」。

當然，人最好能遵循無為無私的天道，這種遵循就是一種「修道之路」。人、天一合場就是成道、悟道的境界。而這也是道家與昆恩的思想有別之處。

不論平地與山尖，無限風光盡被占；
採得百花釀蜜後，為誰辛苦為誰甜？

蜜蜂與部落人，他們師法自然，不會興起這種感傷的，文明人才會如此憂鬱。可是因此懂得感傷與憂鬱的人，才能與昆恩先生一起超越現在，探索文明的出路，進行萬年來最偉大的生命冒險。

【導讀】

# 社會越進步，越多魯蛇

黃漢耀

任何時代總是會出現少數憂國憂民的先知，點出人類生活的不完美困境，並指出文明的新方向。昆恩先生正是這樣的少數先知。昆恩是高明的小說家，擅長利用譬喻、反諷、小故事，佈局他的理念。《當文明成為高牆》以幫法老王建造金字塔為寓言，譬喻在文明之下，無論什麼年代，人們都難逃脫為權力支配者打造「更高的文明」的生活。

這個金字塔直指當前的文明核心「創造／滿足個人更多的需求」。對「更好的生活」的理解為「出人頭地」，要擁有房子、車子、電視、手機、冷氣、信用卡……當然還要有名牌包、服飾、化妝品，最好還有可以炫耀的珠寶骨董，以及花不完的零用金……；即使都已經擁有，還要追求更大的　墅、進口超跑、超大螢幕3D立體智慧電視……，沒有止境。

昆恩認為「文明」的價值標準把我們綁在金字塔下；也因為把現代文明生活型態當作「唯一正確的生活方式」才會有「魯蛇」存在。

因為文明讓多數人生活在「要努力成為贏家」的社會，必須過著幫法老王建造血汗金字塔的日子；為了餬口、為了文明，擱置自己想要的生活；以不斷耗損的勞力、腦力交換薪水，稍有餘錢又想添購最新產品，更加高文明的高牆……

而且地球上幾十億人競相追逐「進步生活」，也讓這世界承受不住，資源耗竭、環境破壞、物種滅絕的問題越來越嚴重；人們不斷追求財富、擴張權力，引發資源爭奪、土地競逐，種族、國家衝突不斷發生。

隨著科技、知識不斷進步，文明應該是更進步了，但這些問題不但沒有消失過，而且越來越嚴重，而暴力、自殺、濫用藥物、精神疾病等社會問題越加層出不窮。所以，人類是不是該停下腳步，看清所謂的進步，並不是出路，而這樣的文明需要去超越！

昆恩主張以「新部落革命」跨越文明，有興趣了解更多內容的讀者，必須好好研讀本書。新部落不是放棄科技，回到原始社會，而是實現個人生命的創造性，成員平等，心靈共享，生活互相成全互相照顧。相對於建造金字塔的生活方式，部落型態讓人們有不同的選擇。

然而新部落如何跨越高牆？昆恩認為跨越的動力不是來自規劃，也不需要規劃，人類歷史的發展都是「我們『想』怎樣，自然就會『變成』怎樣」，只要我們有願景的想望，放下「進步」的價值標準，改變思考方式，就可以隨時離開金字塔底的生活，因為新部落革命沒有一定的形式，也不是「唯一正確的道路」。

但是，一顆石子丟入海，雖然撲通一聲後石沉大海，會掀起漣漪，而一個個的漣漪會形成海浪，集成巨濤，甚至壓倒性地海嘯；而新部落革命也是，「願景」也會一傳十，十傳百，不斷擴大延續，終將改變「文明社會」的面貌。

# 1

## 人類文明的困境

由於人類的「努力」，
每天有將近兩百個物種滅絕！
如果繼續以這種速率
屠殺我們的鄰居，
早晚有一天，
我們會是這兩百個滅絕物種之一。

# 1. 文明不能走回頭路？

很久以前，生命在一個特別的星球演化，產生許多不同的族群組織，有一小撮，也有一大群。其中某個物種特別聰明，發展出獨特的社會組織，稱之為部落（tribe）。他們的部落制度，順暢運作了好幾百萬年。

事機成熟，他們決定要體驗一種新的社會組織（稱之為文明），不同於部落，那是一種階級制度組織。沒多久，上層階級過著豪華奢侈的生活，享有最高級的悠閒，擁有最珍貴的一切。其次的貴族階層也過得非常富足，沒什麼好抱怨的。可是，階層下部的大多數人一點也不喜歡這種樣子。他們像動物一樣工作、生活，為生存而艱苦掙扎著。

「這樣子不行，」大眾說：「部落制度比較好。我們應當回復舊方式。」但是最高階層的統治者告訴他們：「我們早已把原始的生活方式拋棄了，不能再走回頭路。」

「如果不能走回頭路，」大眾說：「那麼，讓我們向前走吧，走不同的路。」

「不行，」統治者說：「走不同的路是不可能的，因為文明是不能被『超越』的。文明是無法被取代的最終發明。」

「但是，**沒有任何發明是無法被超越、取代的。蒸氣引擎被汽油引擎所取代，收音機被電視機超越，電腦也超越了電子計算器。為什麼文明獨獨例外？**」

「我不知道為什麼，」統治者說：「它就是這樣子。」

大眾不會相信這個說法的，我也不信。

## 2. 大家想要改變的理由很簡單：這世界有病

寫這一本書，我最原先的構想書名是《改變手冊》（*The Manual of Change*）。我所以會這樣想是因為，在我們的文化（註1）中，大家最想要的莫過於改變。他們拼了命想改變自己，也想改變周遭的世界。理由不難發現；他們知道有些事不對勁了，自己有毛病，世界也有毛病。

在我的《*Ishmael*》（中譯書名《大猩猩對話錄》，註2）以及其他著作裡，我呈現出一種新方式，讓大眾理解哪裡出了問題。我天真地認為，這樣的呈現已經足夠。通常這樣就夠了，**如果你知道某些東西有毛病，比如說你的愛車或電腦、你的冰箱或電視機，那麼接下來就好辦多了。**

我以為這兩者的道理是相同的，可是其中還是有異。一而再再而三，或講具體點，已經數以千次了，許多人曾當面告訴我或寫信給我，「我了解你在說什麼，你已經改變我看待世界以及看待我們環境的方式，可是我們該怎麼『做』呢？」

以前我可能會說：「這不是很明顯嗎？」可是顯然地，它根本不明顯；或者，距離明顯還很遙遠。

在這本書裡，我希望讓它明顯起來。

**人類的未來瀕臨危險。**

註1：在此指西方文化。但由於文明勢力的散播，全球諸多國家早已被納入此一文化疆域之中。

註2：昆恩第一本著作，書中主人翁是一位擁有無上智慧的大猩猩「以實瑪利」。透過以實瑪利的敘述，重現了百萬年來人類的生活，由自然共存逐漸轉為向大地掠奪的過程，帶給其他物種極大的毀滅性傷害。

## 3. 將食物變成商品，是人類的獨特文明

什麼人屬於我們的文化，很容易辨認。出門旅行去，到世界任何地方，如果你發現這個地方的食物被鎖了起來，那麼你就處於我們的文化人群之中。不同的民族在一些表面事物，像是服飾、婚姻習俗、節日如何慶祝等等，差異可能頗大；但是，回歸到所有事情的最基本面，也就是取得維生所需食物的方法，這一點大家就全都一個樣了。

每個人老早知道，在所有的地方，食物全被某些人「壟斷」了，如果你想要食物，就必須去買。我們的文化中的人知道，除此之外，沒有其他方法。

**讓食物變成可以擁有的商品，是我們文化裡偉大的創新之一。歷史上沒有其他的文化曾經把食物加上鎖不讓別人碰。**不過這已經成為我們經濟的基石，**畢竟，不把食物鎖起來，誰還想工作？**

# 4.「拯救世界」是什麼意思？

當我們提到要拯救世界，所指的是什麼世界？很清楚，那絕不是地球本身；同時那也不是指生物世界——一個充滿了不同生命的世界。這個世界十分奇怪，即使數以千計、甚至數以百萬計的物種瀕臨生存危機，卻還沒有立即的危險。儘管我們惡行昭彰，破壞力十足，但還不至於讓這個星球完全滅寂。

目前的估計是，**由於我們的努力，每天有將近兩百個物種滅絕！只是如果繼續以這種速率屠殺我們的鄰居，早晚有一天，我們會是這兩百個滅絕物種之一。**

拯救世界也不可能意味著保護整個世界，讓它永遠維持現在的樣子。這是很好的想法，可是未免太不切實際了。即使整個人類消失了，明天的世界也不會跟今天一模一樣。在任何情況下，我們都毫無能力阻止這個星球的改變。

所以，拯救世界不代表拯救整個世界的生命，也不代表保護世界不讓世界改變，那麼，我們到底在討論些什麼？

**拯救世界只表示唯一的一件事：拯救人類居住的世界。接下來，這也將意謂著，盡可能拯救其他物種居住的世界。**

我們「只能」拯救人類居住的世界——只要我們停止對整個生命共同體的滅絕性屠

殺，因為我們珍貴的性命全都仰賴這一生命共同體。

## 5. 老舊心靈如何改變？

我在小說《B的故事》（*The Story of B*）（註）中寫道：「如果這個世界被拯救了，並不是透過充滿了各種新計畫的老舊心靈，而是透過一個不經規劃（program）、完全嶄新的心靈。」我很擔心這樣的文字說明太簡單，而且表達不明確，我將在此細說一番。

**人類如果繼續用這種方式走下去，來日不長，幾十年，頂多再維持一個世紀。如果還想讓人類文明傳承數千年，就不能走舊路。**

如何避免我們走上不歸路？

老舊的心靈阻撓了我們，一如阻擋貧窮、阻止藥物濫用、防堵犯罪，老舊的心靈總是祭出各種規劃，這些規劃就像是木條，插進河流的泥床，阻礙了水的流向。木條確實擋住了一些流水，但效果有限，無法完全阻擋水流，也無法讓河流轉向。

這也是為什麼我自信滿滿地預測，如果世界被拯救，不會是因為原本的老舊心靈佐以各種新鮮的規劃。光是規劃，阻止不了我們希望阻止的事情。沒有任何規劃曾經阻止過貧窮、藥物濫用、犯罪，而且，也沒有任何規劃可以在未來阻止這些事發生。

同樣的道理，沒有任何規劃可以在未來，阻止我們毀壞世界。

註：作者昆恩在書中安排了一位神父，在一場歷險追尋之中，重新體認西方文明的演進，是由一部部血淋淋的爭奪和破壞史所串連而成。昆恩企圖在書中引人思考，如何才能不再彼此剝削、傷害環境，而能與萬物共生共榮。

## 6.「規劃」是畫蛇添足，還是畫龍點睛？

如果這個世界被拯救了，並不是透過充滿了各種新鮮規劃（program）的老舊心靈，而是透過一個不經規劃、完全嶄新的心靈。為何不是透過充滿了各種新規劃的嶄新心靈？因為如果你發現有人在規劃著某些事情，你不會從中看到新的心靈，只能發現人們慣用的老舊心靈在運作。規劃與老舊心靈是一家人，就像是馬車奔馳中的馬與車。

我之前提到過河流，那是遠景之河。我們的文化遠景大河更帶領我們走向悲慘的結局。在泥床插些木條，可能阻擋水流；可是何必阻擋水流，我們所需的是，讓河流轉進全新的河道。

如果我們的文化遠景大河，開始帶領我們遠離毀滅，進入可期盼的未來，那麼規劃就是畫蛇添足。當大河流入企盼的方向，你就不必插入木條阻擋河水。

**舊心靈思考：該如何阻止不好的事情發生？**

**新心靈思考：該如何讓事情朝我們企盼的方向發生？**

## 7.「規劃」讓一切看起來很忙

出現失敗的時候，規劃讓一切看起來很忙、很有目的性。如果規劃真能符合人的期望，那麼人類社會將變成天堂：我們的政府運作無阻，我們的學校培育英才，我們的公權力系統伸張正義，我們的司法系統大公無私，我們的刑事系統打擊犯罪保護好人……

當規劃失敗（必然如此），我們經常責怪設計不良、缺少經費與人員、管理不當、訓練不足。當規劃失敗，我們總是尋找改良過的新設計、增加經費與人員，用更完善的管理、更精良的訓練，取代舊規劃。當這些新規劃也失敗了（必然如此），我們再度責怪設計不良、缺少經費與人員、管理不當、訓練不足。這也就是為什麼我們每年一再失敗。

大多數人默然接受這一現象，因為他們知道每一年都能獲得更多：更多預算、更多法條、更多警察，更多監獄；去年做不好，今年獲得更多，今年做不好，明年多更多。

**舊心靈思考：如果去年做不好，我們今年「多」做一點。**

**新心靈思考：如果去年做不好，我們今年做些「不一樣」的。**

## 8. 正確的視野與遠景比一步步的規劃重要

有人發現一個男人坐在沙漠中間，忙碌「駕駛」著他的精巧設計，那是用岩石、木材與廢棄舊輪胎拼裝出來的，好像是真的可以代步的交通工具。問他在幹什麼，男人說：「開回家。」「用這種東西，你一定到不了家。」別人對他說。他回答，「如果不用這個東西，用什麼？」

我們就像這個男人，忙碌異常，試圖以複雜化的規劃拼裝，駛入未來，可是一步也動不了，像極了坐在垃圾堆上的男人。即使我們終於知道，任何規劃都不會成功，而且不曾成功過，然而，我們很自然都會這樣問：「如果不用規劃，那麼用什麼？」

我希望這個問題改頭換面：「**如果規劃沒有用，那麼，什麼會有用？**」實際上，我有更好的發問方式：「**會有什麼東西很有用，讓規劃顯得多此一舉？會有什麼東西很有用，讓任何人從來不想去規劃？**」

這些問題的答案就是：對未來的視野與遠景（vision）。

## 9. 讓大家完全看不到你，讓他們推論出你的存在

當事情開始運作，讓事情運作的力量是看不見的。大宇宙的運行就是最好例證。曾經，只有傑出的天才才能了解運動定律與宇宙的重力，可是現在這些常識，大家已經熟悉得令人生厭。牛頓的天才在於，他準確看出宇宙間無法見到的規律。科學中的每一項進步，都揭示了隱藏在大自然之後的成功運作。

一名舞者的守則是：「絕不讓觀眾看到你的汗水」。放在宇宙的規律裡，這條守則變成：「讓大家完全看不到你；讓他們推論出你的存在」。

確實，宇宙的規律無法直接觀察到，所以，除了推論之外，我們沒有其他方法發現宇宙規律。

生命世界的成功運作，其中的規律也是隱藏的。**生態學的基本規律，有如童話般簡單、美麗，可是生態的存在，大約一個世紀之前才有人察覺。**

## 10. 部落文化的成功也是看不見的

人們往往很感興趣，想明白為什麼獅子可以群居一起、為什麼狒狒可以合作無間、為什麼一群鵝可以自在悠遊，可是有件事許多人卻抗拒去了解：為什麼人類部落可以良好運作。

**農業革命之前，部落人在這個星球成功生活了三百多萬年**，即使到了今天，也沒有些許的失敗。雖然他們努力維持生活原狀，但是我們文化中有很多人不想聽到這件事。甚至，他們大言不慚地否認。

如果你向他們解釋，為何一群大象或一巢蜜蜂可以合作無間，他們聽得津津有味。但是如果你向他們解釋，為什麼部落人可以成功運作，他們會指控你把部落人太過「理想化」了。從動物行為學與生物演化的觀點看，人類部落的成功，一點都沒有比北美洲的野牛或大海鯨的成功更「理想化」。

對於人類的失敗，我們有一套文化上的藉口，說是人類有天生的缺點：貪婪、自私、短視、暴力等等，等於說任何事跟他們合作，註定要失敗。

為了證實這個藉口，有人希望部落主義是失敗的。於是，任何人若想維護我們文化中的神話，或主張部落主義是成功的，都被視為是一種威脅。

讓部落文化的成功變得清晰可見，是我在其他書籍的任務，不必在此贅述。

## *11.* 我們已經佔領了整個世界

我們的文化顯然成功地氾濫了全世界。在我們大部分的歷史中，這項成功被認為是必要的，而且是人類命運塑造成的。

跟毋庸去質疑地心引力的存在一樣，我們也不會對這件事產生懷疑。當歐洲人「發現」新大陸，他們認為接管這一地區是自己神聖的使命。新大陸的原住民生活仍一如往昔，與當地的樹木、岩石、野生動物毫無二樣。不像我們，他們沒有生意經營的觀念。我們之所以要占領這半個地球，是因為有個更大的計畫（假設為上帝的計畫）要我們如此。

**我們氾濫了這半個地球，甚至整個世界，而且毫無訝異之情；僅僅只是因為，我們「想」怎麼樣，所以它自然就會「變成」怎麼樣。**就像雲會化成雨，一點也沒有什麼好奇的。

在牛頓之前，無人懷疑為什麼沒有支撐的物體會落到地上。他們頂多只會想：「還能」幹麼，它們一定會落在地上，就是這樣啦。面對我們的文化驚人的成功現象時，歷史學家們也是見怪不怪。他們從不曾懷疑，為什麼我們要占領全世界。他們只是想，我們「還能」再完成一些什麼壯舉？

我們已經占領了整個世界，如此而已。

## 12. 遠景就像地心引力

地心引力作用於物體，遠景（Vision）也作用於文化。當你看到球滾到桌緣掉落地板，你會想，「地心引力起作用了。」當你看到文化出現，而且從各個方向向外擴展，一直到占領整個世界，你也會想，「遠景起作用了。」

如果你看到一小群人，開始從事特殊的行為，之後散播到整個大陸，你應該會想，「遠景起作用了。」如果我告訴你，我心裡浮現了一群人，跟隨著世紀初一個名叫保羅的傳道者，而且這個大陸就是歐洲，那麼你很清楚，這個遠景界就是基督教。

數以百計的書藉曾探討基督教之所以成功的理由，不過十九世紀之前，這樣的書沒出現過半本。十九世紀之前，誰都不需要為基督教的成功找理由，就像不必為地心引力的存在找理由一樣。它一定是成功的，成功是命運的促成。同樣的道理，沒有人會為工業革命的成功出書探討理由；對我們來說，工業革命必定是成功的，百分之一百肯定。它不可能失敗，就像一顆球滾到桌子邊緣，不可能不掉落地板。

這就是遠景的力量。

## 13. 散播機制的共同點是授與散播者利益

每一個遠景都是自我散播的，不過散播的方式不一樣。換句話說，散播的機制就是遠景。

我們的文化散播機制使人口擴散：人口成長、獲得更多土地、增加食物生產，然後人口更加成長。基督教的散播機制不一樣：接受耶穌，然後讓其他人也接受祂。工業革命的散播機制是改良版本：改善某些東西，拿出來再讓其他人去改善。

很明顯，所有的散播機制都有個共同點：授與散播者利益。那些獲得更多土地、增加糧食生產、促進人口增長的人，獲得財富與權力。接受耶穌，且讓別人接受耶穌的人，被允諾上天堂。改良某些東西，且拿出來讓別人去改良的人，贏取名聲、地位與財富。

然而，利益的授與不能跟散播機制混為一談。我們的文化不是由已成為富人或權貴者散播的；基督教不是由正要進入天堂的人散播的，而且，工業革命不是由贏取了名聲、地位與財富的人散播的。

## 14. 負責傳播的「天使」

化學家把水倒入試管，再添加鹽，「天使」出現了，把鹽溶解成帶電的粒子，稱之為離子。

正因為我們的認知遵循內在的一致性與可理解性原則，因此，我們認知到的宇宙是自我管理的，所以上述的「天使」描述，似乎是多餘的。於是我們用奧坎剃刀

（Occam's razor，註），把思考中不必要的論述排除。

雖然現在的歷史學家正在找尋基督教之所以成功的背後因素，可是他們並不會去找尋其中的規劃書。基督教在羅馬世界中開枝發葉，因為那個時代的人已經準備好了，歷史學家們不可能找到基督教「促銷成功」的規劃報告。

基督教徒比化學家更希望能在試管中發現天使（雖然有人爭論，康士坦丁大帝的米蘭敕令「Edict of Milan」允許基督教徒禮拜，這正是一種計畫性的支持，但是實際上，那只是為了中止兩個世紀半以來的宗教迫害；就像美國第二十一條憲法修正案的推動，只為了讓實施十四年的禁酒令解凍）。

道理是一樣的，我們文化的散播，從來沒有透過任何的規劃，完全找不到例子；至於工業革命，也是這樣子。

註：奧坎是一位中古世紀的哲學家，其認為當兩個理論解釋力相同時，較簡單的理論（即假設比較少的理論）比較「接近」真理。後人便常用奧坎剃刀來「削」去不必要的存在假設。

## 15. 當文明將我們帶向錯誤的地方

當遠景的大河開始帶領人們走向不喜歡的方向，人們就開始插上木條棍棒阻擋水流。這些木條棍棒我稱之為規劃。大部分的規劃會以這樣的形式呈現：干擾人們的事情就是違法，所以我們要逮捕干擾份子，送他們進監獄。

**舊心靈思考：我們必須制定更嚴厲、範圍更廣泛的法律。**

**新心靈思考：制定嚴刑峻法之後，不被期望的行為不曾消失過。**

事實上，這些規劃必然失敗，不會對大多數人造成困擾。

舊心靈思考：如果去年沒有效，讓我們今年「多做」些。

新心靈思考：如果去年沒有效果，讓我們今年做些「不一樣」的。

**每一年，我們成功訂定出更多的違法標準，然後逮捕更多違法的人，送更多人進監獄。違法的行為不曾消失**，因為不論是直接或非直接的，它是由一股強烈、堅定、不可見的力量支持著，這股力量稱為「遠景」。這一情形說明了為什麼在我們社會上，警察貪贓枉法總是比罪犯改過向善的機率多更多，這一種抵擋不住的潮流，便是「遠景」所造成的。

# 16. 過多的規劃只是治標不治本

某人車禍重傷，生命垂危，救護車的醫務人員盡力維護他的生命，一直到送抵醫院。急救是必要的，但是對救護生命的終極目標而言，卻不是最妥當的處理。每個人都知道，如果路的盡頭沒有醫院，病人就會死亡，因為救護車的醫療資源沒有醫院豐富。

規劃也是這樣子。當今世界有許多的規劃，可以擊退我們的死亡，例如保護環境，避免環境更加惡化的規劃。不過就像救護車裡的急救，這些規劃是必要的，但終極而言卻不是最妥當的方式。終極而言之所以不恰當，是因為根本上那只是暫時的緊急處置，並無法徹底解決問題。就像救護車內的醫務人員，他們無法讓好事發生，只能讓不好的情況不再惡化。好事他們帶不來，只能把壞事往後拖延。

**如果路的盡頭沒有醫院，救護車裡的病人必死無疑，**因為急救雖然很有用，卻不足以讓他確實活下去。**如果我們在路的盡頭缺少新眼界，那麼我們也必死無疑，因為規劃**

雖然非常有用，同樣不足以讓我們確實活下去。

## 17. 工業革命是被規劃出來的嗎？

很久以前，在缺腿的國度裡，當地的人民聽說，在非常遙遠的另一個國度中，人們可以自由行走，沒有人的腿有問題。他們嘲笑這個故事，說：「人沒枴杖怎麼走路？」

工業革命就是極佳例證，證明不必規劃人們就可以成就某些事情，這是極為令人驚訝的例子。人類夢想發明第一個「現代」蒸汽引擎，距今將近四百年。這項巨大、扭轉全世界的運動，是由「遠景」帶動的：「改善某些東西，拿出來再讓其他人去改善。」**沒有任何一項規劃促成了工業革命，相反地，那是由數百萬有自信的心靈所實現的**，儘管剛開始可能只是一個小小的新主意、微小的新發明，或對先前發明的新改良，但人類因此改善了生活，而且超乎想像。短短幾世紀，千百萬一般市民完全從自利的動機出發，這樣的行為，透過觀念傳播，已經轉變了人類世界；而發現與進一步深化這些觀念，又讓人一步步發現更新的觀念。了解這一切，並不能讓工業革命成為被祝福的事；同樣，責怪工業革命是場大災難，也不能減損它曾是人類歷史上最偉大的創意展露。

## 18.我們怎麼知道下一個世代的生活？

但是，接下來生活該怎麼過？我們實在無法找出有何範例可供想像，也不可能藉由一個範例便想像出下一個世代的樣貌；就像中世紀的人無法想像自己是在新舊世代交替的「中間」。未來的文化變遷太遙遠了，中世紀的人無從關心自己的生活，與那些活在時間盡頭的人有什麼分別？即使你能鼓起三寸不爛之舌，說服他們相信新世紀為期不遠，他們還是無法向你透露新世代的一絲一毫，更不用說他們根本無法告訴你，究竟是什麼造就了時代的新貌？

如果他們有辦法描述十四世紀的文藝復興，那麼，他們可能是文藝復興時代的人。我們也是一樣。我們總是妄下結論，後代子孫的生活將跟我們沒有兩樣；後人的機械設計、流行服飾、音樂等等，也許與我們相異，然而我們自信地認為，他們的心靈傾向跟我們也將會完全相同，因為我們料想人沒有其他的心靈傾向。可是實際上，如果我們真的可以繼續生存，那會是因為我們從舊時代進入了另一完全嶄新的世紀，就像文藝復興從中世紀走出來；但這未來的一切是我們無法想像的，就像中世紀的人無法想像文藝復興一樣。

## *19.* 所謂的「文化基因」

要知道如何達成無法想像的遠景，我們可以用老辦法：一次一個「綿綿（註）」。綿綿（meme）這個字，首先由理察·道金（Richard Dawkin）在他的著作《自私基因》（*The Selfish Gene*）中創造出來，意即「文化基因」。要了解文化基因（或稱綿綿）的意義，最好的方式是請各位去閱讀道金的著作，不過此刻我應該在此簡單說明一下，**我們的身體內有基因，文化裡也有基因**。

你的身體是由細胞組成。每個細胞都含有一組完整的基因，道金把這一現象比喻為人類身體的建構藍圖。每人的身體建構藍圖都不一樣。

最早，你只是單一細胞，在這組身體藍圖裡，其中半組來自母親，另外半組則來自父親。然後這個細胞分裂成兩個，兩個細胞又分裂成四個，四個變八個，八變十六……每個細胞都包含著你身體的完整藍圖。

文化也是細胞的組合，細胞就是每一個個人。你（以及父母、兄弟姐妹、朋友）包含著一整組文化基因，這一組文化基因，就是我們文化觀念的建構藍圖。

## 20. 每一個人都有他特定的價值、觀念

如果我們引用道金的說法，他認為綿綿在「綿綿池」中（我稱之為文化）複製自己，這種方式跟基因在基因池裡複製自己是類似的。也就是說，文化基因從心靈跳躍到心靈，如同基因從身體跳躍到身體。

基因是以生殖的方式，從身體跳躍到身體。**文化基因則以溝通，從心靈跳躍到心**

靈。譬如，在搖籃裡聽催眠曲、童話故事，在餐桌上聽到父母的對話、開玩笑，看電視卡通、聽到笑話、聽師長訓話、閒聊、聽演講、讀教科書、看電影、閱讀小說、看報紙、吟詩、接收廣告訊息等等。

道金的文化基因之說，引起了極大的爭議。有些權威人士嗤之以鼻，認為文化基因這種東西根本不存在，只是胡說八道。另有些人到目前仍抱持存疑態度，懷疑文化基因是否具備生理上的意義，猶如神經細胞的樹狀突或是神經膠質細胞一樣，確實存在於腦中。這些我都存而不論。

**每一個文化都是個人的組合，而每一個個人都有他特定的價值、觀念、規律、喜好等等，這些東西放在一起，就組合成特殊文化的建構藍圖。**

無論你稱之為文化基因，或是「綿綿」，這些都只是名相而已。它們的存在是毋庸置疑的。

註：也稱為米姆、濔、濔因、濔母、迷因、以及謎米等等，是文化資訊傳承時的單位。綿綿目前公認的定義是「一個想法，行為或風格從一個人到另一個人的文化傳播過程。」這個詞是在1976年，由理查·道金斯在《自私的基因》一書

中所創造，將文化傳承的過程，以生物學中的演化規則來作類比。綿綿包含甚廣包括宗教、謠言、新聞、知識、觀念、習慣、習俗甚至口號、諺語、用語、用字、笑話。

## 21.小小差異大大不同

除非你正好是基因學家，否則當你得知黑猩猩與人類的基因差異極為微小，一定會讓你大吃一驚，而且感覺很不是滋味。人與黑猩猩一看就知道大不相同，我們難免期待，彼此的基因應該有天壤之別。

很明顯，我們無法共同分享的基因，一定以某種方式造成極大的不同。可是如果認為沒有這些基因，人類就會變做黑猩猩；或是有了某些基因，黑猩猩就會變人，這樣的想法是錯誤的。

人類並不是有了額外的基因，才沒有成為黑猩猩，或者，黑猩猩沒變成人並非失去了某些基因。基因的世界（或任何其他世界）不是那麼簡單。

只是非常微小的文化基因不同，造成了中世紀與文藝復興的差異，但是很明顯，新與舊的時代大不相同。教會的權威式微，新的人文主義思想浮現，印刷術的發展讓人產生新觀念，他們知道得更多，想得更多。

要創造出文藝復興，沒有必要改變中世紀百分之九十的文化基因，或是百分之八十、六十，甚至也不必百分之三十、二十。

而且新的文化基因不會一下子取而代之。確實，它們不是一下子就出現的。文藝復興準備了許久，才出現義大利雕刻家與畫家維羅丘（Andrea del Verrocchio）和德國的宗教改革家馬丁路德。

## 22. 哪些文化基因必須改變？

哪些文化基因必須改變？這個問題很容易，我們必須改變的是「致命的文化基因」。

道金言簡意賅說：「致命的基因就是殺死擁有者的基因。」你可能覺得不可思議，甚至懷疑致命基因是不是真的存在。你也可能懷疑，為何致命基因要保留在基因池裡。如果它們會殺害擁有者，為何不把它們消滅呢？答案是，所有的基因不會同時出現在生命舞台裡。

大多數的基因，在嬰兒階段開始運作，構築出我們的身體。有些基因則潛伏著，直到青春期才開始啟動。在青春期之前起作用的致命基因，會在基因池裡面迅速被消滅，因為擁有者無法透過生殖把它們傳遞出來。

在青春期之前起作用的致命基因，很可能被消滅掉，但是在中老年期起作用的致命基因，會繼續留在基因池裡，因為擁有者可以透過生殖，在造成致死結果之前，把它們傳遞出去。

## 23. 當我們成為世界的蹂躪者，文化基因變得致命

「致命文化基因」也會殺死擁有者。

譬如受信徒膜拜的天堂之門教派（註1），擁有致命的文化基因，讓自殺者依附他們，毫無抗拒餘地。不過對於致命文化基因殘害個人的現象，我的興趣不大。我比較感興趣的是「致命文化基因」對文化的殺傷力（特別是針對我們的文化）。

致命基因不是從一開始就發揮作用，然後馬上致人於死。它們剛開始的時候並沒有產生任何不良效果，而是要等到後來才變得致人性命。

致命文化基因的道理也是一樣。目擊我們文化肇始的早期閃族人（註2），他們看見這些白面孔的鄰人，從神的智慧之樹（註3）摘取文化基因。他們說：「**我們北方的鄰居得到了某些啟示，未來他們將統治世界。這個文化基因對神來說是良性的，然而對人而言卻是致命的。**」

他們的預測如今看來並不正確，不過，其實那也只是還沒實現而已。

文化基因讓我們統治整個世界，而這是會致命的，只不過在一萬年以前還沒有出現致命效果，五千和三千年前也沒有；一直到本世紀，當致命的文化基因開始轉化我們，

讓我們成為世界的蹂躪者，致命效果才開始顯現。

駕馭這些文化基因是攸關生死的大事，我們辦得到。我之所以這樣說是因為，有人曾經辦到了，而且好幾次。

註1：天堂之門（The Heaves's Gate）：是個著重末世預言的教派，以如何在千禧末日獲得拯救來吸引教徒。一九九七年，三十九名狂熱份子在美國聖地牙哥集體服藥自殺，死前宣稱自己將離開此世，並在宇宙間繼續永生。

註2：此處指六千五百年前於美索不達米亞平原的肥沃月彎四周游牧的民族。同時來自北方的高加索人占領肥沃月彎發展農業，並向四周不斷擴張，時與南方的閃族人發生衝突。後來的希伯來人可視為此「北方鄰人」的後裔。

註3：西方文化的信仰系統中，人類在蒙昧時偷嘗上帝的智慧之果。作者以此指喻此乃西方文明踏上自比上帝智慧、企圖主宰世界萬物的毀滅道路之始。

# 2

## 被拋棄的文明

人類總自認為是地球的
貴賓、老闆、大人物，
然而實際上
我們只是一次性的載具。

## 1. 人類只是讓基因長存的機器

每一個人的基因，都是接受自父母的基因組合，當然，我們父母的基因，也是接受自他們的父母親。知道這件事之後，我們容易傾向於認為，基因是一種讓我們前進的東西，一代又一代。不過這裡有一個影像更接近真實：如果基因可以思考，它們可能認為，我們才是讓它們前進的東西，一代又一代。

我說這樣更接近真實是因為，做為單獨的個人，我們無法長久存活，但基因可以。你跟我，如同其他的生物，對我們接受自父母的基因而言，只是一個可以暫時移動的住家，而且我們的任務（從基因的觀點看），是要讓這些基因住進第二代的家；當然，第二代指的是我們的子女。我們的基因只關心，這個可供暫時居住的個人一旦不再具有生殖價值，就可以隨時準備資源回收了。這件事清楚顯示出事情的真相是什麼。

**人類總自認為是地球的貴賓、老闆、大人物，然而實際上我們只是一次性的載具，基因駕馭我們，直奔不朽。道金指出，我們只是「讓基因得以長久存活的機器」。**

## 2. 我們只是用完即丟的工具

同樣地，我們也是用完即丟的工具，讓文化基因直奔不朽。

這些文化基因在我們成長過程中，透過聲音傳遞給我們。發出聲音的人可能是父母、兄弟姐妹、朋友、鄰居、老師、傳教士、老闆、同事以及任何人，他們用教科書、小說、漫畫、電影、電視節目、報紙、雜誌、網際網路來傳遞訊息。

人們經常對其他人，包括子女、學生、員工等等，重複自己一生當中所接收到的文化基因。所有的這些聲音，都會組合成母文化（Mother Culture）之音。

有件事必須說明，我在這裡所提到的不朽，並不是絕對的。我們的基因在地球死亡之後也存活不了，不過那可能是幾十億年後的事情了；而文化基因的生命期又比基因更短暫。

## 3. 數位拷貝與類比拷貝

讓我們來假設，利用電腦製作出一份文件，列印出來，然後再用性能良好的影印機影印，這時候很難區分出原始與影印的文件。我們把原始文件稱為A。

如果把A影印為B，再把B影印為C，C再影印為D、E……最後的文件一定很容易跟原始的A區分。我們可以很清楚知道，每一次拷貝，原始文件就失去了某些東西。雖然接連的兩次拷貝，所失去的東西我們肉眼看不出來，可是最初與最後拷貝的文件，差別就顯而易見了。

之所以發生這種情形，因為我們用的是類比拷貝方法。

可是，如果回到電腦文件，在螢幕上拷貝檔案A，變成檔案B，再把B拷貝成C，然後不斷拷貝下去，即使持續一整天，拷貝到最後，我們很可能找不出原始與最後文件之間有任何差別。

因為我們用的是數位拷貝法。這種拷貝的逼真性，就是數位革命的基礎。

# 4. 文化基因是哪一種拷貝？

基因以同樣的逼真性複製自己，令人嘆為觀止；不過文化基因不一樣，除非我們加入一些修正。生活未受干擾的部落（tribe）人，比如在歐洲人還沒有入侵之前的美洲新大陸，他們的文化基因在世代之間的傳遞，一般而言都有完美的逼真性。因此，他們感覺到自己的生活是「恆久不變的」。

對我們來說，部落文化與我們的文化相比，似乎是「靜態的」（這個字在我們文化中常含輕蔑之意），而我們則是「動態的」（這個字在我們文化中常含誇讚之意）。就我們的理解，我們的文化是動態的，因為我們的文化基因非常輕浮：一個新誕生的文化基因，這會兒還耀武揚威虎虎生風；到了下一代便急遽衰退、顛簸搖擺；再接下來，很快便因過氣而淪於被嘲笑了。

然而，我們的文化中還是有一些核心的基本文化基因，這些文化基因從一萬年前的文化基礎，便被逼真傳遞到現在。要辨認出這些核心的基本文化基因並不困難，如果有人曾經思考過，很可能早就被指認出來了。

# 5. 耕種是最佳的生活方式？

基本的文化基因之一如下：「最佳的生存方式，就是種植自己的食物」。

除了少數人類學家之外，這個文化基因在我們的文化中並未引起任何的爭論。我說「除了少數人類學家之外」，我的意思是，這些人類學家很清楚，站在專業的立場，他們知道非洲的布希曼人不會同意「最佳的生存方式就是種植自己的食物」這句話。巴西的亞農馬密人、澳洲的阿拉瓦人、或是新幾內亞的蓋布西人，這些主要靠採集或狩獵維生的族群，也同樣都不會同意這樣的說法。

可是那也只是基於專業上的見解罷了。話說回來，如果要他們站在個人的立場，在以上的各個實例和既有的實際認知二者做選擇，這些人類學家一定毫無疑問選擇贊成「最佳的生存方式，就是種植自己的食物」。

除了這些專業人士之外，在我們的文化中很難有人不承認：從農業活動中取得自己的食物，就是最佳的生活方式。

在我們的文化初誕生之際，這個文化基因就開始加入，這實在是沒什麼好懷疑的。但是事實上，世界上並沒有每個人成為農夫，這表示有些人不相信耕作是最佳的生活方式。可是問題沒那麼單純，有件事再清楚不過，那就是我們反而以同樣的理由，依然種植所有的食物，因為我們相信，這就是生存的最佳方式。

或者……

## 6. 要怎麼收穫先怎麼栽？

農業代表著最容易謀生的管道，這樣的想法很誘人，可是卻碰觸不到事實。種植自己的食物其實是最不划算的謀生方法，而且種得越多，所遭受的壓力也越大。為了求生存，你就要越努力工作，那麼你就越需依賴農業，這兩者是息息相關的，而且形成一種確定的信念：收成最少的人就是工作最少的人，而收成最多就是工作最多的人。

要把三盎司的穀物，裝進超市架子上的一個罐子裡，所花費的能量令人難以相信；而為了擁有這三盎司的穀物，你在工作上所必須花費的時間，也同樣令人難以相信。

我們的文化創立者，並不只是開創了完全倚賴農業的生活形態，他們還努力鞭策自己進入這樣的生活中，而他們的鞭策工具就是使用這個文化基因：「種植自己的食物，就是最佳的生存方式」。

這樣的詭計可以得逞，實在不可思議。

## 7. 或許是因為太餓了？

捕獵者一天的生活需要二千卡路里，其中耗費四百卡路里去獵殺或採集食物。這個比率是，工作消耗一卡路里，然後獲得五卡路里食物。一個農夫一天也需要二千卡路里，可是卻必須花費一千卡路里去獲得。也就是說，一卡路里工作，得到二卡路里食物。

對一個渴望食物的人而言，用耕作的方式替代捕獵或採集，就像一個需錢孔急的人，原本每小時可賺五塊錢，卻換了個每小時兩塊錢的工作。

這實在是毫無道理，可是越饑餓的人，越沒有道理。

要驅趕饑餓，**耕作的效率比狩獵或採集更差，不過毫無疑問，耕作帶來其他的好處（最明顯的是提供居住的基礎，最後發展成文明）**，為了掌握這些好處，**我們文化的創**

立者終於採用這個完全依賴農業的生活方式。

從這個觀點看，我們徹底相信，種植自己的食物是最佳的生活方式。為了這個文化基因，我們已經投資下去，而且在未來將不計任何代價，保護這項投資。

## 8. 滅絕的農業部落

在古代，我們不是唯一了解種植食物會帶來好處的人。在新大陸裡，這個文化基因的採用者，較有名的是：馬雅人、奧爾梅克人（Olmec）、特奧地瓦坎人（Teotihuacán）、霍霍坎人（Hohokam）、阿納薩奇人（Anasazi）、阿茲特克人（Aztecs），以及印加人（Inca）。

在這個最基本的文化基因研究中，有一項重要線索，就是十五世紀末歐洲人抵達新大陸時，只有近期的阿茲特克與印加文明仍然延續著。其他發展農業的部落，都已經滅絕。

# 9. 消失的馬雅文明

馬雅人很可能在我們之前成為全職農耕者，不過跟我們一樣，好幾千年內，他們一直沒有出現農業文明的創建者。他們在猶加敦半島建立的大城，出現於公元前兩千年左右，時間正好是埃及的中期王朝，比巴比倫的創建早了兩個多世紀。

馬雅文化繁榮了將近三千年。然後到了九世紀初，南方的城市突然被放棄了，沒多久變成空城。北方的城市在托爾鐵克人（Toltec）的統治下繼續繁榮，可是托爾鐵克帝國在十三世紀瓦解之後，這些城市也荒廢了。然後，西部的瑪雅藩（Mayapàn）出現了馬雅文明最大的根據地，但是這個最後的繁華，也不過維持兩個世紀就崩潰了。

以上我特別指出這些例子，都是一般百科全書和歷史地圖中常見的記載。在這些傳統說法中，儘管一開始是從一群人的故事說起，但說著說著，劇情急轉直下，主角彷彿不再是這群人，而變成一艘奇幻的時光之船，突然在歷史汪洋之中消失；當然啦，船上還是搭載著人，不過這些乘客都成了附屬品，淪為壓在船艙底下，不讓船隻翻覆沉沒的壓艙之物罷了！

## 10. 奧爾梅克人與特奧地瓦坎人

在塔巴斯哥（Tabasco）與韋拉克魯斯（Veracruz）海岸從事農耕的奧爾梅克人，建造了宏偉的儀式中心，主要集中在聖洛索倫（San Lorenzo）與拉文達（La Venta）。最古老的聖洛索倫，從西元前一千二百年繁榮到西元前九百年，然後被滅毀、被棄絕。五個世紀之後，同樣的事情也發生在拉文達。雖然當時還有一些較小的城市，不過拉文達的毀滅，標示了奧爾梅克人統治時代的結束。

兩百年後，古代最大的城市之一，開始在墨西哥中部建造起來。公元前五百年，特奧地瓦坎成為世界上第六大城。它繁榮了兩百五十年，是整個帝國的中心，可是突然間也走上相同命運，被毀滅了。這座大城被大火焚燒，甚至「依照慣例」，被徹底摧毀。

廢墟曾經再度被占領，但是這個城市已經死亡。

## 11. 霍霍坎人與阿納薩奇人

在耶穌基督出現歷史舞台的同時，一些人占領了今日美國亞利桑那州南部的沙漠地，令人眼睛一亮的是，他們是勤奮的勞動者，而不是文明的建造者。他們那值得一書的開墾，開始於公元七百年，沒有建設大城市，而是開鑿灌溉用的廣闊水利網路，種植他們自己的食物。每一條水道寬二十五英尺，深十五英尺，長達十六英里，沿著鹽水河連接成一百五十英里的水道。

這項工程在十五世紀初被遺棄了，幾十年之後，這些勞動者被稱為「霍霍坎」，這是引用當地印第安霹馬（Pima）族的語言，意思是「消失的人」。

阿納薩奇人占領了「四角區」，即現在亞利桑那、新墨西哥、猶他與科羅拉多州的交會處。他們興旺的時間很短暫，開始於公元九百年左右，沒有建造大城市，不過小城鎮的生活形態別具特色，有些住家蓋在高高的懸崖上。但是進入公元一三〇〇年，一切都被放棄了。

## 12.他們放棄了「最佳的生活方式」

我引用了幾個最普遍的說法，來簡短寫出這些古文明歷史，在這些記載中，剛開始總是直接描述一群人的活動；只是到了最後，卻都以城市或文明被催毀、焚燒、破壞，來含糊帶入結局。有的從未說明罪魁禍首何在，有的則被寫成帶著迷濛的神祕離開，彷彿他們都進入了百慕達三角或陰陽魔界一般。這些記載者，對於眾多文明被自己的創建者給拋棄這個事實，明顯感到不安；然而實際上，馬雅人乘船離開他們的城市，而不是乘坐飛碟「呼！」一下子消失。奧爾梅克人滅毀、拋棄了聖洛索倫與拉文達，而特奧地瓦坎被自己的市民放火焚燒。有一天，亞利桑那南部的挖溝者丟下工具，遠離而去；另有一天，住在村落與懸崖上的阿納薩奇居民，也做出同樣的事。

所有這些人所做的離譜事，在一般的傳統書籍中幾無線索可尋。放棄了文明，在我們看來似乎已經夠糟了，但是接下來他們會做什麼，幾乎更令人難以想像：他們停止耕作，不再種植自己的食物。

他們放棄了「最佳的生活方式」。

# 13. 神祕的消失者

就真正的觀點而言，他們都稱得上是「霍霍坎」。這些「消失的人」莫名其妙脫下聖袍，扔下用來創造不朽藝術的工具，搗毀自己建造廟宇與金字塔的規劃（program）圖，放棄文字、數學以及世界上最先進的曆法，還特別銷毀精心創建的莊嚴宗教與整個政治體系……他們消失了，融入周遭的大地裡，走進熱帶叢林、繁茂的草原或是高地沙漠中。當然，沒有一人真正消失。他們只是採取較不突出的方式過生活，既不貯糧，也不耕作。

總之你看到了，他們堅決地拋棄了我們認為最佳的生活形態。他們知道自己在做什麼，而且真的去實踐，一次又一次。

當然，這些人的消失還有其他不同解釋，令人費解的行為不能沒有說明。人類學家沙伯洛夫（Jeremy A. Sabloff）指出，解釋**馬雅人的消逝**，至少有十來種假說，「**包括過度利用土壤、地震、颶風、氣候改變、疾病、蟲害、農人造反，以及敵人入侵。**」

類似的假說，也曾經用來進一步解釋其他文明的消失。不過這些說法都有一些共通點，沙伯洛夫教授簡單下了個結論：「沒有任何解釋令人完全滿意。」

## 14. 為什麼文明的消失沒有令人滿意的解釋

為什麼沒有任何解釋令人完全滿意，因為我們都知道：

- 土壤可能被過度使用，但是不可能「每個地方」都過度使用。
- 不可能一直都有地震與颶風。
- 氣候的改變，人可以安然調適。
- 疾病總有不再蔓延的時候。
- 蟲害只是一時的。
- 農夫的造反會被弭平，或起義成功。
- 入侵者會被驅逐，或是被同化。

上述的解釋，不可能讓這些人放棄自己的文明，看看我們自己就知道了。如果跟我們所面對的事情相比較，這些原因充其量只會為生活帶來一些狀況與麻煩。除了這些事，我們還常面對更糟糕的情況：饑荒、各式各樣的戰爭、宗教審判、政府的壓迫與暗殺、不斷上升的犯罪率、貪污腐化、暴政、瘋狂、革命、集體屠殺、種族歧視、社會不公、貧民窟、有毒的飲用水、空氣污染、世界兩大陣營的戰爭、核子毀滅的威脅、生化戰，以及物種的滅絕。

我們要面對這一切，甚至還有更多不斷產生的新玩意兒，可是沒有一次，我們企圖放棄我們的文明。

在這些消失的人當中，一定有什麼東西在運作——或是失去了某樣東西。很確定，他們一定有什麼東西跟我們不同。

# 15. 我們與那些消失的文明有什麼不一樣？

兩個人在飛機上。一個人跌落，沒有多久，另一個人也掉下去。第一個人摔落地面，像稀巴爛的番茄。第二個人降落地面，用他的雙腳降落，而且安然走開。很明顯，第二個人一定有某些東西是第一個人所沒有的，他有什麼東西非常清楚：降落傘。

兩個人面對殺手，第一個人胸部吃了子彈，倒地而亡。第二個人胸部也吃了子彈，可是卻平靜回敬一槍，擊斃殺手。這也很明顯，第二個人一定有某些東西是第一個人所沒有的，他有什麼東西也非常清楚：防彈衣。

有兩個文明。第一個延續了好一陣子，然後，也許發生了什麼不好的事（也許沒事），突然間每一個人都走掉了。第二個文明延續的時間更久，而且經常受到各式各樣災難的打擊，可是沒有一個人做夢想要離開這個文明，一秒鐘也沒有。

同樣非常明顯，第二個文明一定有第一個文明所沒有的東西，可是那到底是什麼並不是很清楚。

那是文化基因。

## 16. 階層制度的元凶：想一套做一套的王公貴族

我們不難想像，當群眾對文明開始信心動搖、猶豫不決的時候，所有的宗教領袖、統治者、君王、王公貴族、軍事將領、王妃、酋長、神職人員、僧侶、女尼、皇宮警衛等等人士，都渴望拼命灌輸人民一個簡單觀念：「文明必須繼續維持下去，無論花費多少代價，而且不論任何情況，一定不能放棄。」

不用說，這樣的灌輸是不夠的。要產生效果，一定要毫無疑問接受這個文化基因。

你不可能僅僅在一個瞬間，便說服別人接受某個荒謬觀念。他們必須從小耳濡目染，並從各個不同面向，去接收各種隱含在交流、談話中的文化基因，如此才能如影隨形、深植人心。

所有的人開始相信，生存的最佳方式就是種植自己的食物。可是那些貴族、王公、統治者們為什麼沒有成為全職的農夫？因為他們想一套做一套已經持續了許久。

可是某些如同當初閃族人所預言的情況開始發生了。比如，馬雅、奧爾梅克與特奧地瓦坎人，他們嚴格分出階層，包括富人、擁有權力的菁英份子，以及窮人、沒有權利的一般大眾。那些無權又無錢的人，很自然必須從事普通的工作，讓文明變得神聖偉大。

一般大眾「願意」忍受這種悲慘的生活，這你是知道的；但是無可避免地，他們開始覺得不安，這我們也很清楚。

# 17. 下層階級的不安

下層階級在我們的歷史中，充滿著騷動、抗爭、反叛、暴亂還有革命，但是從來沒有一個人走出文明，結束這一切。因為我們的老百姓知道，文明必須延續下去，不計代價，而且在任何情況下都不能放棄。所以，他們會抓狂，摧毀看得見的一切，屠殺任何被捉住的菁英份子，而且還會燒殺劫掠；但是，他們就是不離開。這就是為什麼馬雅、奧爾梅克以及其他文明，對我們的歷史學家來說，變成了無法解釋的神祕。對他們而言，不計任何代價讓文明延續下去，而且在任何情況下都不可放棄的信念，似乎是毋庸證明的真理。

那麼馬雅、奧爾梅克以及其他文明，怎麼可能不知道這項真理？然而，這正是這些「消失的人」心中所缺少的部分。**當他們不再喜歡自己所建立的文明，他們有能力離開，因為他們沒有那種觀念：不計任何代價必須讓文明延續下去，而且在任何情況下都不可放棄**。這個文化基因，造成了我們與他們之間的差別。就像降落傘造成了飛機上那兩個人的不同結局；以及防彈衣帶給兩個人不同的命運。

# 18. 終將消失的印加與阿茲特克文明

沒有證據可以顯示，霍霍坎與阿納薩奇人劃分成掌握權勢的上層階級，以及沒有權力的下層階級。但我有些證據指出，霍霍坎人正在往這個方向學習。當時中美洲風格的土丘平台開始到處出現（如果下層階級沒有出現，這些土丘平台會是誰建造的？）那是供休閒階級所使用的球場（如果上層階級沒有出現，那又是為誰而建造的？）。

阿納薩奇人的經驗，是本書所探討的古文明中，歷時最短，而且文化也最低的文明。儘管如此，結局沒什麼兩樣。當他們不再喜歡自己建立的文明，隨時都可以走開，因為他們沒有那種觀念：不計任何代價必須讓文明延續下去，而且在任何情況下都不可放棄。

我曾經提到過，新大陸還有其他兩個偉大的文明，印加與阿茲特克。他們在早期與中期階段，是沿著馬雅與奧爾梅克人所奠立的基礎而發展的，不過他們並不是毀在自己手上，而是被十六世紀入侵的西班牙軍隊所消滅。

顯然如果讓他們走自己的路，最後會有什麼結果，我們是不可能知道的，不過我的推測是，由於缺少了這項關鍵性的文化基因，他們最後也將重蹈前人的覆轍。

# 19.我們擁有必須不計代價延續文明的文化基因

對我們來說，「文明必須不計任何代價延續，而且在任何情況下不得放棄」這個文化基因，似乎是人類心靈的內在本質，之所以毋需證明，就像「兩點之間最短的距離是直線」一般的真理。

如果不擁有這個文化基因，可能不能稱之為人。

我們想像，人類在誕生之際腦海就存放了這個文化基因。巧人（Homo habilis）知道，他應該被文明化，但是沒那個腦袋。直立人（Homo erectus）知道，他應該被文明化，但是卻沒有技巧。智人（Homo sapiens）知道，他應該被文明化，但是想不出該怎麼做。現代人（Homo sapiens sapiens）知道，他應該被文明化，他有頭腦、有技巧，而且馬上想出，農業就是應該做的事情。沒錯，他當然知道，文明必須不計任何代價延續，而且在任何情況下都不得放棄。

因此，所有新大陸的文明豎建者，到底出了什麼差錯？我們實在很難不這樣想：一定是非常神祕的因素造成的。他們一定知道，無論如何不得放棄文明；可是他們最後還是放棄了。

這就是一個文化謬論（Cultural Fallacy）的實例，也就是說：我們文化中的文化基因是從人類心靈結構演繹出來的，如果你沒有這些文化基因，那麼，你一定某個地方有問題。

很自然，這也是一種文化基因。

## 20. 消失文明的另一個難解之謎

新大陸的第一個神祕文明建立者很容易辨認，因為從他們所做的事情可以清楚看出：他們毀滅了自己的建設。第二個神祕文明就比較不容易辨識，因為他們只顯示出自己沒有做什麼：他們沒有在世界氾濫。

在達到高度發展的時候，馬雅人所占領的區域不會比亞利桑那州還大。可是當我們發展到同樣程度時，我們占領了整個中東、歐洲，還有大部分的印度與東南亞地區。馬雅人從自己猶加敦與瓜地馬拉的故鄉，向北或向南擴展時，並沒有人武裝起來反抗。好幾千年以前，他們可能讓整個半球的地區文明化——如果他們這樣選擇的話。夠奇怪也夠神祕的，他們並沒有做這種選擇。奧爾梅克人對於自己所占有的地區很滿意，這個地區比康乃狄克州還小一些，而且他們在現今洛杉磯的中心一帶建立了大都會特奧地瓦坎，整個帝國在城市範圍之外可能發展得很順利。

這些人到底出了什麼問題？他們缺少了哪些東西，而這些東西是我們有，他們沒有的？猜一猜，請聽下文分解。

## 21. 人類塑造了「文化傳教士」

新大陸的開墾者，並不像戰士一樣開疆闢土，讓國界隨著征戰不斷擴充，隨時把國界拉著走。不過他們身後拖著共有的文化疆界。文化疆界之後，是一群來自歐洲、近東與遠東地區的開墾者，他們成群結隊、舒舒服服安頓下來，因為在文化上，他們是四海一家的兄弟。不論他們來自英格蘭、中國、土耳其、俄國、愛爾蘭、埃及、泰國或是丹麥，彼此的共通性都強過於文化疆界另外一頭的野蠻人（不過，他們並沒有到疆界的另一頭，去獵捕奴隸）。

其實這種事並非僅發生自新大陸。事情最早是這樣開始的。**由美索不達米亞平原的**

肥沃月彎像漣漪一樣四面八方擴散出去的，並不是國界，而是文化。征服舊世界的人不是戰士，而是農夫；他們教導疆界之外的鄰人，鄰人再教導鄰人，訊息向外傳播，形成不斷擴大的循環，造成一個大圈圈，除了在另外一頭還沒有被發現的新大陸。

我們帶進新大陸的文化基因並不是新的。我們一開始就在散播這個文化基因：「我們的文化基因是人類生存的正確方式，而且，每一個人都應該跟我們一樣過活。」

因為擁有這個文化基因，我們塑造了文化傳教士，把文化散播到整個世界；而馬雅、奧爾梅克與其他文明，正缺少了這個文化基因，所以他們的文化散播沒那麼廣闊深遠。

## 22. 文化基因的力量大於刀劍

哥倫布朝西方出發，橫越大西洋，當時他並不是在找尋可以殖民的空地，而是希望找出可以跟東方貿易的航路。如果他真的登陸亞洲而不是美洲，歐洲人將會這樣說：「讓我們去跟這些東方人做生意。」沒有人會夢想說：「我們去吧，把東方人趕走，占領亞洲。」

當然，哥倫布無意中發現的不是亞洲，而是美洲，他看到這片處女地，還有一些野蠻人。當歐洲人聽到這個消息，他們不是說：「走吧，讓我們去跟這些野蠻人做生意。」他們說：「讓我們去趕走野蠻人，占領美洲。」這不是掠奪，而是一種神聖使命。**當農民整清土地，把耕犁放下去，他們不認為此舉已然破壞了野生動植物的家園。**他沒有偷或搶，完全是依照上帝的旨意利用土地。**在還沒有開墾之前，這些土地只是浪費而閒置著。**這就是開墾者看待新大陸的心態：原住民白白浪費了大好土地，把這些土地拿來利用，放上耕犁，這正是神聖勞動的執行。

新大陸不是被刀劍主宰，而是被文化基因給控制了。

## 23. 我們變成了「金字塔」下的工人

建造中美洲金字塔的那一群人，命運不會比建造埃及金字塔的人悲慘。中美洲的那群工人全然理解到，他們可以有悲慘以外的選擇，而且他們真的做到，最後離開了。

我們可不是這樣子，拖著有氣無力的腳步，在這裡蓋塔廟，在那裡建萬里長城，又在某某地方築城堡、修馬其諾防線……沒完沒了。**直到現在，我們雖不會在埃及的吉薩或塞加拉建造金字塔，然而，我們創建了埃索石油、杜邦、可口可樂、寶鹼公司、麥當勞。**

我常常參訪校園，當我問學生某個問題的時候，他們總是被卡在同一個地方。我問學生，當他們開始在「金字塔」打工，而這個「金字塔」是他們父母做一輩子的工作之處，有多少人會覺得很興奮？這個問題讓他們不安，因為他們知道，走入真實的世界去打工，煎漢堡的牛肉餅、在加油站加油，在超市為存貨上架……做這些工作，照理說他們「應該」非常興奮才對。因為每一個人都對他們說，他們是地球上最幸福的孩子——有父母、老師、教科書。可是他們覺得自己不誠實，不好意思對我舉手。

他們不是不誠實。

## 24. 沒有選擇權的工人，就是被鏈條鎖住的工人

埃及的法老王古夫（Khufu, 2900-2877 B.C.）花了二十三年時間在吉薩建造大金字

塔，動用了一萬一千個大石頭，每個重約二・五公噸，必須開採、搬運，並在每年適合動工的四個月裡，驅使工人每天跟這些石頭戰鬥。

一些評論者根據這些事實指出，宣揚這項工程的偉大成就，等於在誇讚法老王對這些工人的殘酷控制。我個人認為，正好相反。

**法老王古夫在吉薩對工人的控制，不會大於比爾蓋茲在微軟對員工的控制。**我認為相對而言，埃及的工人為古夫建造金字塔所獲得的，要比微軟員工為比爾蓋茲建造金字塔多更多（古夫的金字塔，相較於比爾蓋茲的小了一百倍，而且當然，微軟的金字塔也不是用石頭建造的）。

要求工人建築金字塔，不必有特殊的控制，**如果這些工人知道沒有什麼好選擇的，**只能去建造金字塔。**只要有人告訴他們該建什麼，他們就會建什麼，不論那是金字塔、停車場，或是電腦程式。**

**馬克思認為，沒有選擇權的工人，就是被鏈條鎖住的工人。可是他所提出破壞鎖鏈的想法，**只是為了讓我們把法老王廢黜掉，然後轉而為「我們自己人」建造金字塔；這種說法好像是，建造金字塔是停不得的工作，我們愛得要命。

# 25. 馬雅人的解決方式？

文明必須不計任何代價維持下去，而且在任何情況下都不得放棄——這個文化基因今天對我們強烈影響的程度，不亞於古埃及那些搬運石頭的工人。**我們讓這個世界變得難以居住，而且匆匆忙忙，朝滅絕之路衝過去**，可是文明必須不計任何代價維持下去，而且在任何情況下都不得放棄。

這個文化基因對埃及的法老王時代、中國的漢朝，或是歐洲的中世紀，並沒有致命的危害，但是對現代的我們卻是致命的。毫不誇張，不是我們就是那個文化基因，二者其中一個必得消失，而且很快。

但是……

但是……

但是……「但是，是這樣子嗎？昆恩先生，你不會是要我們走回頭路，住山洞，用矛頭挑回我們的晚餐吧？」

我從來不主張這樣的事，或到處敲鑼打鼓宣揚這樣的事。針對我們目前的真實處境，倒退回到打獵與採集植物的生活，這是糊塗而無聊的想法，就像希望我們長出翅膀，飛向天堂一樣愚蠢。

**我們可以走離金字塔，但是無法融入叢林裡。馬雅人的解決方式離我們太遠，或者，我可以舉出一個非常簡單的理由：叢林已經不再茂密，而且我們有六十億人口。**

別再想「重回過去」了。已經沒有過去。過去已經過去。

**可是，我們依然可以走離金字塔。**

## *26.* 去發明一種更好的生活

如果可以走離金字塔，卻不能融入叢林，那麼老天，我們該怎麼辦呢？大猩猩聖哲「以實瑪利」（Ishmael）對這個問題回答說：「**你們不是對自己的發明能力頗為自豪嗎？那麼，去發明啊！**」

毫不奇怪，當時他的學生認為這根本不是回答；我相信大多數讀者也這樣認為。人們之所以這樣想是因為，在我們有關文明的文化基因中，還隱含了另一個文化基因：文明是人類最終極的發明，而且不能被超越。

這正是為什麼文明必須不計代價被發揚的緣故，因為沒有任何發明可能超越它。如果放棄了文明，天吶，我們就完蛋了！

如果未來還有希望，我們頭一個發明絕對得是「文化基因殺手」。我們必須摧毀自己和別人身上某個文化基因，而這個文化基因宣稱文明是不可超越的發明。

這一切認知，只是一個文化基因，也就是我們文化之中的一個特有觀念。那不是物理定律，只是我們一直被教導要去相信它，而我們的父母也被教導要去相信，從他們的父母、父母的父母……的父母，一直回溯到吉薩、烏爾（Ur，猶太人始祖亞伯拉罕的故鄉）、摩罕鳩達羅（Mohenjo-Daro，在巴基斯坦印度河流域的一座古城）、克諾索斯（Knossos，愛琴海克里特島青銅器時代的古城），以及更遙遠更遙遠的時代。

其實，要找到「文化基因殺手」，沒有比這個文化基因更適合了：

**比文明「更好」的東西正在等待我們。**

某些更好的東西！除非你是很罕見的，喜歡推石頭、拖石頭的那些少數人，才不會有這樣的呼求。

3

走離金字塔

# 如果你在銀行存有十億元，你還會繼續從事賴以維生的工作嗎？

# *1.* 社會組織與自然淘汰

對於了解蜜蜂、野狼、鯨魚如何組織起來，合作求生存，這樣的學習沒有人會大驚小怪。

一般人大致了解，任何物種的族群組織演化特徵，與物種本身構造的演化是差不多的。無法運作的組織會被消滅，與無法運作的生理特徵會被消滅，道理也是差不多的，同樣是被「自然淘汰」的過程所消滅。

但是，卻有一個奇怪而且未受檢驗的偏見，對人類的社會組織是經過三、四百萬年，以同樣的歷程演化出來的事實，加以反對。

一般人都很容易了解，生物的爪型或皮膚顏色類型，是經過長期演化，最適合擁有者目前的活動運作；但是，人類的社會組織，也基於相同的緣由來運作，這樣的觀念，許多人卻不願意接受。

## 2. 生活型態vs社會組織vs文化

生活形態（或生活的方式）：是指一種個人或群體維生的方式。

捕獵或採集食物是一種生活形態；種植自己的食物也是一種生活形態；選擇腐食（例如兀鷹）是一種生活形態；四處搜尋食物（例如大猩猩）也是一種生活形態。

社會組織：是指一種共同合作的結構，幫助群體執行生活的方式。

螞蟻群組織成三個階級，生殖（蟻王或蟻后）、工蟻、兵蟻；而捕獵、採集食物的人類，則組織成部落（tribe）。

文化：透過語言與範例，一個世代的人可以與另外一個世代溝通、傳遞一切訊息。

巴西的亞農馬密人與非洲的布希曼人，他們有共通的生活形態（捕獵與採集食物），而且有共通的社會組織（部落制），可是卻沒有共通的文化（除非採取非常廣泛的觀點）。

# 3. 我們不必堅持文明的悲劇

我們的文化眼界，是由一群非常滿意某個觀念的人塑造出來的，那個觀念就是：我們所看到的宇宙是最終的形式，而且一切的開始，都源自一個非凡的機緣。這個觀念不是源自聖經創世紀，創世紀的故事只是確認、落實了這個觀念：上帝完成了祂的工作，且已臻完美。

我們很不容易放棄這個觀念，而且實際上，許多人在討論生物演化時，無意中會沾上這個觀念。這也就是為什麼新大陸一些文明的消失，對我們的歷史學家而言會成為神祕事件。如果他們的世界觀以達爾文學說為基礎，而不是尊奉亞里士多德，那麼他們就能夠看出，這些文明的消失，僅僅只是自然的淘汰，如此一來，神祕氣氛立刻雲消霧散。

我們在這個星球活動了三、四百萬年的期間，人類有數以千計的文化經驗，這一點幾乎毋庸置疑。成功者存活下來，而失敗者消失了，只因其中有一個很簡單的道理：沒有人想讓這些文明永恆不朽。

一般人都可以忍受這種持續不太久的悲劇。放棄文明的人並沒什麼特異與神祕，反倒是我們，總是說服自己說，我們必須堅持自己的悲劇，不計任何代價都不能放棄，即使面對大災難。

## 4.農業不過是一項發明

成為全職的農夫之前，馬雅、奧爾梅克以及其他的人，都是捕獵、採集食物，或是結合種植與覓食維生的。最後他們成為全職的農夫，這不正顯示了他們比較不滿意過去的生活形態嗎？沒錯，這正是所顯示的事實。

就某個觀點而言，生活全以農業為主，似乎比傳統的打獵或採集更吸引人。這不一定代表著他們討厭先前的生活，不過卻意味著，他們判斷農業生活更有前途。而且很可能，他們以為進入農業生活的冒險，純粹只是一項經驗而已，並不是永遠、不能回頭的選擇。

如果真是這樣，自然淘汰在這個歷程所扮演的角色，不僅不能否認，反而應該特別強調才對。

這些人為了農業這個新發明，放棄了傳統的生活形態，這對於他們的生活所需，似乎有更多的保障。可是，當新發明對他們的需要越給越少時，他們放棄新發明，重新開始舊有的生活方式。

在之前所提的每個例子中，他們的新發明都通不過檢驗。可是既然會產生新發明，這難道不是說，他們傳統的生活形態不夠完美？當然如此。

**自然淘汰是一種區分適合運作與不適合運作的過程，而不是區分完美與不完美。**不能說演化出來的東西就是完美的，它們只是比較難以再改良而已。

## 5. 部落制的運作

我曾說過，如果你看到一群蜜蜂、狒狒、野狼合作無間，你不會有意見，但是如果你看到一群部落人合作無間，別驚訝，你很可能歇斯底里猛烈抨擊。也許你的攻擊並非來自嚴厲的批評，而是在你面對他們時所採取的措詞。例如你可能會說，部落生活是「完美的」或「如幻如詩」，或「高尚的」，或者只是簡單說「很棒」。儘管你沒有明說，但言外之意正表示了你的「憤怒」。

部落生活實際上不是完美的、如幻如詩的、高尚的，只不過我們發現這樣的生活形態比較完善，而且運作良好。它讓**部落中的成員不容易憤怒、反叛、絕望，並且可以拉大被犯罪、怨恨、暴力干擾的精神疾病界線**。

人類學家發現，部落人跟我們一樣，離高尚、甜蜜、智慧還很遠，而且也跟我們一樣吝嗇、無情、短視、自私自利、遲鈍、頑固、壞脾氣。**部落生活不會讓人類變成聖人，卻可以讓普通人居住在一起，把壓力降到最小程度，一年又一年，一代又一代**。

## 6. 馬雅文明消失了，那我們呢？

人類經過了三、四百萬年的演化，除了目前正在運作的社會組織之外，還可以期待什麼？

巧人除了可運作的社會組織之外，他們如何生存下來？直立人除了可運作的社會組織之外，如何生存下來？而且，如果自然淘汰提供了巧人與直立人可以運作的社會組織，為什麼不提供給人類呢？

在三、四百萬年之間，人類可能嘗試過許多的其他社會組織。但如果真是如此，為何到如今卻沒有一種留存下來？實際上，我們知道，人類確實嘗試過其他的社會組織。

馬雅人嘗試過一個，而且經過了三千年之後，無法再運作了（至少沒有像部落制那麼好）。他們重回部落生活。

奧爾梅克人嘗試過一個，而且經過了三百年之後，無法再運作了（至少沒有像部落制那麼好）。他們重回部落生活。

特奧地瓦坎人嘗試過一個，而且經過了五百年之後，無法再運作了（至少沒有像部落制那麼好）。他們重回部落生活。

霍霍坎人嘗試過一個，而且經過了一千年之後，無法再運作了（至少沒有像部落制那麼好）。他們重回部落生活。

阿納薩奇人嘗試過一個，而且經過了四百年之後，無法再運作了（至少沒有像部落制那麼好）。他們重回部落生活。

文明沒有半點經驗保存下來，但是部落生活卻繼續傳承；這就是自然淘汰。

# 7. 部落生活並不是捕獵與採集

不喜歡我這項說法的人，會這樣挑戰我：「如果你那麼熱中部落生活，何不帶枝長矛，到山洞去住？」

部落生活跟長矛、山洞無關，也跟捕獵與採集食物無關。**捕獵與採集食物是一種生活形態，或者是一種職業，那是人們求生存的方式。部落並不是一種特殊行業，而是一種社會組織，便於求生存的社會組織。**

吉普賽人過的就是部落生活，但是很明顯，他們並不捕獵跟採集食物。

同樣地，馬戲團也過部落生活，可是也很明顯，他們並不捕獵跟採集食物。

最近這幾十年，有許多旅行秀的表演，像是巡迴劇團、巡迴娛樂戲團，那也是一種部落組織。

# 8. 人們之所以喜歡部落社會

部落是為所有內部的成員而存在，因為所有的成員都被視為與部落的存亡息息相關。

只要帳篷一開始搭建，馬戲班裡沒有任何人比搭建人員更重要。只要索具一上場，沒有人會比拉索工人更重要。節目一開始，沒有人會比表演者與表演的動物更重要。就這樣，馬戲團的活力源源不絕。

捕獵與採集食物的成敗或存亡，顯然與金錢無關。在馬戲團裡，每個人當然知道，表演必須賺錢，為的是讓馬戲團繼續存在，也就是說，提供生計的是馬戲團，而不是金錢。我的意思是，**馬戲團的存在不是為了賺錢；反而賺錢是為了讓馬戲團繼續存在**（藝術家可能這樣認為：繪畫是為了掙錢，與掙錢是為了繪畫，這兩者截然不同）。

部落生活提供了他們的所需，如果部落不復存在，大家都要走霉運了。

每個人都希望馬戲團的團主賺錢，因為如果他賺不到錢，就要關門大吉，也沒有節目好表演了。每個人的利益都跟全體的成敗、存亡息息相關。對部落有好處，就對每一個人有益，從團主到賣棉花糖的小販都是。

我用馬戲團做例子，是在強調一項事實：部落生活可以運作良好，那不是久遠以前的事情，或只是跟捕獵與採集食物有關而已。

## 9. 許多小企業的成立從部落意識開始

如果有劇場、歌劇、電影這回事，為什麼不能有馬戲團？那是真正的部落嗎？就因為我們注意到，馬戲團是一種部落，所以某些講究的馬戲團就不再成為部落。歷史上的「玲玲馬戲團（玲玲兄弟與巴納母貝里馬戲團，Ringling Bros. and Barnum & Bailey Circus，已於 2017 年解散）」馬戲團是如假包換的馬戲團部落，但是現在，某些特殊的馬戲團只是一個大企業，就像注重階層管理的通用汽車公司與聯美航空公司。

沒有人會把美國白雪綜藝溜冰團的演出錯認為部落活動；一開始那就是大企業，如假包換。

許多小企業是以非常合乎部落意識的方式開始創業的，幾個合夥人注入所有的資源，大家全力以赴打拚，可是如果公司變成一般的階層組織，這項部落特徵很快就會消失。或者，儘管公司朝著部落特徵發展，新進人員也能跟整個公司共患難，可是如果公司擴張得太大，整個的部落特徵還是可能消失。

一個公司的大小發展到了某個程度，如果不是停止成長，就會開始組織自己，成為部落同盟。今天，在任何大城市我們都可能看見馬戲團，而上述現象就是我們了解馬戲團的最佳方式。

**一個部落是一群人的結合，大家為求生存而平等工作。部落同盟則是一群部落的結合，大家為求生存而平等工作；每一個部落都有一個老闆，結合成整體也是如此。**

## 10. 馬戲團員就是部落人

部落人留傳給下一代的，不是真正的財富，而是可靠的生存方式。根據這項理由，釀製啤酒的布希家族（Busch family），只是一個氏族，不是部落。這一代的布希家族，繼承自先人的不是一種生存方式，而是可以再傳給下一代的現成財富。

與此相反，世界著名的馬戲團表演者「高手巫靈大」（Great Wallendas），並沒有幾十億價值的企業傳給繼任的後代，他們所傳承的只是生存方式。這個生存方式並不是現成的（不像布希三世，一輩子沒有做過一天工作）。

這種情形就像捕獵與採集食物者的後代，他們繼承上一輩的知識，而且實際捕獵與採集食物，以此求生存；如同巫靈大的後代，繼承了先人的知識，而且實際從事馬戲表演，以此求生存。在部落裡，三代或四代同堂的人一起工作，不會很罕見。同樣的事情也可以在巫靈大的馬戲團看到，二十歲的奧瑞麗亞與四十歲的叔叔帕拉塔同臺表演空中飛人，一點也不奇怪。

## 11. 馬戲團的表演者會想要推翻老闆嗎？

許多人看出了馬戲團可以歸類為部落的傾向，另外也有許多人譴責這個看法是錯誤的，而且荒謬絕倫。

我必須指出，馬戲團經常雇用一些臨時工，他們只工作一天或一星期，然後走人。這些以日計酬的臨時工，很難稱得上是部落成員，而且也很難成為部落成員，這是絕對真實的情況（但是卻無法改變某些人確實成為部落成員的事實）。

在非常小的馬戲班子裡，所有的工作都是由同一群人完成的，他們組合裝備，設置貨攤、票攤，而且也要表演、餵養動物。

在一些大型馬戲團裡，領班、表演者、工作者，似乎屬於不同的社會階層，而且基本上（至少在某些馬戲團裡）他們互不交往。然而我不得不懷疑，若因此便視其為一種階層組織，是否恰當。

在一般的社會環境裡，工人階級夢想推翻統治階級，這是可能的。可是在馬戲團的環境裡，這根本是胡說八道。

馬戲團的表演者夢想推翻老闆，有什麼好處？馬戲團的工人夢想推翻表演者，有什麼好處？因此，為馬戲團強裝一副「社會階級」的馬鞍，大可不必，我覺得把馬戲團想成部落同盟，就如同印第安蘇族（Sioux）人組成的部族同盟，反而比較合理。

## 12. 一個部落的故事

一九八六年七月的某一天，芝加哥論壇報的記者高士曼與一組號稱美國唯一僅剩的超小型表演團體，從伊利諾州的新溫莎出發，前往三十英里外的瓦塔加。這是「丘佩波與歡樂天氣聯合大馬戲團」（Culpepper and Merriweather Great Combined Circus）的巡迴演出，由六名表演者、一名雜工、三隻山羊、六隻狗、一些雪特蘭矮種小馬，以及兩名小跟班所組成的傳統式馬戲團。

團主兼表演指導者雷強森，在消防隊公園幫忙搭帳篷打樁時，回憶起他的馬戲團生涯，那時候他剛剛九歲。

「母親一大清早就把我喚醒，我們去看克利兄弟馬戲團的開幕準備。我記得自己蹦蹦跳跳很快樂地走入馬蹄鐵匠的店裡，」他一邊對著小丑赫伯特，以及高空走索者柴加說話，一邊揮舞著大鐵鎚打樁，「後來她送我一本馬戲團的紀念冊，內頁上寫著『**不要心存幻想**』。」

「真有趣，我的家人在某次聖誕節，送我一本馬戲團的書，也是寫同樣的話。」柴加說。到了十七歲，這些話對柴加已經是耳邊風了，那一年夏天，他在范拿增兄弟馬戲團打工，之後一直不曾回家，除了有一次戲團關門。

「馬戲團，」他告訴記者高士曼，「就像一個流浪的小部落。一旦走進去，你就不想出來啦！」

## 13. 我們都是一家人

丘佩波與歡樂天氣聯合大馬戲團的馴獸師「帽子雅各」認為，馬戲團裡的階級特性幾乎是零，「無論長幼與尊卑，地位都是同樣的，每一個人都有自己的工作。在馬戲團裡，我們都是一家人。我們一起工作，表演、吃飯都在一起，嘆氣與發牢騷也在一起，我們沒有力氣去玩權力爭奪的遊戲，只能講究民主。」

不過，不是只有小團才有機會體驗這種部落式的民主。一九九二年，大蘋果馬戲團搭帳篷的工頭大衛．林布蘭克（後來當上經理）說：「在這裡你可以跟別人完全溝通。我在郊區長大，住了十五年，但是卻叫不出鄰居的名字。在這裡，你不僅跟鄰居生活在一起，同時也為共同的目標一起工作。」林布蘭克幫一名女性員工拔出緊固的營樁後說：「這就是馬戲團的行事風格。她很熱心，但你知道嗎，其實那並不是她分內的工作，她也只是來幫忙的。在這裡的人願意做任何事情。在真實的世界裡，一般人在工作三小時之後，會要求休息十分鐘，但是在這裡，大家只是認真做自己該做的事。」

# 14.上鎖的食物是部落的終結者

人們不希望種植農作物，因為收穫較少；人們種植了農作物，因為他們希望定居，在某個地方住下來。可是這個地方無法生產足夠糧食，供人類永久定居。

為了建造聚落，人們必須種一些穀物；大部分的原始聚落都是這樣。但他們不必種植所有的食物。無此必要。**一旦把所有的土地變成種植地，食物就開始生產過剩，然後他們就必須保衛食物，**避免受惡劣環境影響，或避免其他生物的侵擾，包括其他人。**最後，他們必須把食物加上鎖鎖起來。**儘管當時他們沒有很確然體認到，把食物鎖起來，等於終結了部落，並開啟了我們稱之為文明的階層組織生活。

**沒多久，倉庫出現了，某些人必須站出來守護，**然後這些守衛需要助手，助手則完全依靠守衛生活，**如此一來，就有了不必務農維生的人。**這個為了掌控社區財富所呈現的權力圖像，整個核心由效忠的部屬所包圍，而這一核心部分即將發展成統治人群的王室與貴族階級。

這個現象不會發生在半採集半農耕與捕獵、食物採集者身上，他們沒有過剩食物可以上鎖。這只會發生在全部心力放在農業上的人，就像馬雅、奧爾梅克、霍霍坎人等。

# 15. 從部落走向階層組織

每一個進入歷史的文明，總是會在適當時刻，走入相同的階層社會組織，不論這個文明出現在美索不達米亞、埃及、印度、中國或是新大陸。

這個值得注意的結局是如何發生的（殆無疑義，是某種自然淘汰的歷程），應該是一種很有趣的研究，不過不是我的研究。為什麼會發生這種事，我留給其他專家去發揮。總之，有這樣的結局是不必爭論的事實。

要描述這種社會組織的輪廓，如果舉埃及人為典型範例，相信大家都不陌生。那是一個高度中央集權的組織，經濟、軍事、政治以及宗教權力一把抓。統治階級的法老被神格化，被眾多的神職官僚所擁戴，這些官僚制定規章，監督並強力徵召勞工，大動土木，建造宮殿、祭壇、寺廟與金字塔。

部落當然一去不返，距離現在已經不知多少千禧年，或者至少好多世紀了。

## 16. 大眾之所以不喜歡階層組織

為了公平起見，我把這個主題分成兩部：為統治者所喜的階層社會，以及大眾所不喜的階層社會。不過我懷疑，是否有必要解釋第一部分。

大眾之所以不喜歡階層社會，是因為這樣的社會根本不為大眾而存在，他們提供統治者難以想像的奢侈與悠閒，可是其他人卻一窮二白，勞累不堪。

**統治者從階層社會所獲得的利益，與一般大眾有若天壤之別**。金字塔與神廟證明了統治者的重要性，而不是搭建它的社會大眾。階層社會的生活就是不斷這樣運作的。

馬戲團與迪士尼樂園的差別，在於馬戲團是部落，而迪士尼樂園是階層社會。迪士尼樂園有員工，沒有成員，它不提供員工生活的方式，只發給薪水。員工是為自己而工作的，如果迪士尼樂園不再發工資，員工馬上走投無路。公司的擁有者投資企業成功，並從企業的成功中獲利。可是員工永遠只是員工。

各種年齡的孩子興高采烈加入馬戲團，然而沒有人興高采烈加入迪士尼樂園。

# 17. 部落不也是階層組織嗎？

部落生活可以實際運作，不喜歡這一觀念的人經常問：「部落不也是階層組織嗎？」答案是「不然」，我們沒發現這回事。

部落有領導人，確是如此。有時候部落領導人很強勢，但其所獲得的利益不高或根本沒有，而且他也不會否定部落中其他成員的存在價值。

難道從來沒有部落走向階層制，然後領導者變成暴君的情形發生嗎？

這種事發生過，我絕對肯定，也許發生過數以千次。不過值得特別注意的是，這樣的部落沒有存活下來。

理由不難發現，大家不喜歡生活在暴政底下。我們再一次看到，自然淘汰又發揮了威力：部落在暴君的統治下無法凝聚成員，最後滅絕。

在馬戲團裡，每個人都希望團裡有一個老闆，他負責經營，讓財務維持平衡不變成赤字，而且也要當壞人，做出令人不快的決定，例如要聘誰或解僱誰。此外，他也要調解糾紛、簽合同，並與當地的政府官員談判、溝通。

如果沒有這個老闆，馬戲團很快就曲終人散，可是老闆也只不過是馬戲團中某名成員，他的職責只在做好老闆的經營工作。

老闆不會遭人嫉妒或特別令人垂涎。反而表演節目的明星最常獲得榮耀，還有高薪與華麗服飾，然而他們根本算不上是統治階層，而且差得非常遠。

## 18. 為什麼我們無法採取行動？

根據調查分析，在我們的文化裡，被統治的大眾所受的災難，不會比馬雅、奧爾梅克或其他放棄文明的人來得少。

差別在於，我們擁有複雜的文化基因（或是被複雜的文化基因所擁有），所以到目前為止，我們出走的念頭完全被制止，還不肯放棄現有的文明。

我們徹徹底底相信，無論採取任何手段，文明是不能被超越的，而且一定要前進、發揚光大，即使付出絕種代價也在所不惜。

**我們之所以走不開，是因為合理化了三個不能採取行動的原理。**

# 19. 原理一：合理化自己的不幸

我們傾向於認為，東方與西方的文化是有差別的，東方人對於自己生活裡的階層制度，有一套不同的合理化認定；他們認為，階級是宇宙本質運作的結果。

**換言之，他們肯定輪迴業報。**

根據「業報」理論，一個人所造的善業或惡業，會在來世受到獎賞或處罰。在印度的巴塔普爾，如果你是天生賤民，除了打掃廁所之外，從事更高尚的職業則毫無指望，而且你根本沒有資格怨天尤人，更不能羨慕或痛恨討厭你、躲避你的婆羅門階級；婆羅門階級的悠閒、豪華生活，是天生的獎賞，如同你的貧窮與悲慘，那是天生的處罰。

這種把人們安排成上、中、下階級的方式，顯示了神性宇宙賞罰分明的判決。如果我很富有而且吃香喝辣，而你窮得三餐不繼，這一切都很自然，而且本來如此。

針對這項嚴厲的命運劃分，佛教的出現提供了解脫之道。

# 20. 原理二：相信好日子在「未來」

佛陀與耶穌都向教眾保證，窮人、賤民比富人或權貴，更有希望獲得救贖、解脫。窮人可以過更快樂的生活，因為佛陀說，不擁有才能享受喜悅，像光芒無量的菩薩。

那些順服的人（也就是被抓去建造金字塔的人），耶穌說，將能繼承塵世，而且上帝之國也將顛倒階級制度；上帝的國土屬於窮人的，不屬於富人，而統治者與被統治的人將會換位子，上面的人換成下面，下面的人換成上面。

佛陀與耶穌都認為：財富只是表象，有錢人都不會快樂。佛陀說，有錢反而讓人更貪吝。窮人不必羨慕有錢人，這些財富堆積到最後，若不是被竊賊所偷，就是被蟲所蛀或自行腐爛。耶穌也說，我們應該在天國累積不腐壞的財物。

這些「慰藉」讓**馬克思把宗教稱為「人類的鴉片」。這個鴉片把大眾帶離苦難，進入可以接納的平靜天國**。更重要的是，從統治階層的觀點而言，這鴉片**讓被統治者繼續保持安靜與溫馴**；而答應讓順服者繼承的夢土，依然堅定永恆，一直等在「未來」。

# 21. 原理三：宗教與革命

當「信仰的時代」沒落，天國的夢想開始失去訴求魅力，新的夢想開始成形——這一次，要把天堂建造在人間。革命者夢想著顛倒一切，夢想著拉下過去的統治者，然後從被統治的人當中，拉拔新的統治者。

許多革命發生了，最有名的出現在法國、美國、俄國，但是真夠奇怪了，階層組織只是換了另一批人馬，一切仍然跟過去一樣。社會大眾還是要推、拉他們的石頭，一天又一天，而金字塔也一天天往上增高。

**法國哲學家西蒙．威爾**（Simone Weil）不贊同馬克思的看法，**他說革命（不是宗教）才是大眾的鴉片。**

真是遺憾，這兩名大師實在對人類以及藥丸太不了解了。**宗教是含有巴比妥酸鹽的安眠藥，可以減輕疼痛讓你入睡。革命是帶來興奮效果的安非他命，讓你騰雲駕霧，覺得自己力大無窮。**

當人一無所有，他就會抓住其中一個，或兩個都要。絕對不會兩個都不要，或是敬而遠之。

與預期的相反，每當革命的戰火一停歇，宗教並沒有像蛇油或江湖郎中的萬靈藥廣告一樣過氣，反而大張旗鼓，與革命連成一氣。

就在這個被認為是人類歷史上最快樂、最繁榮的國度裡，每一年，越來越多的反政府恐怖組織，攻擊越來越多的無辜民眾。

## 22. 每天暫時遺忘行樂八至十小時

馬克思說出這句著名的格言之時，鴉片已不是我們慣用的藥物，因此，他所意指的應該是，宗教是大眾的廉價麻醉劑。馬克斯可能無法料到，不論作為毒品或麻醉藥劑，鴉片本身確實讓人們愈加沈淪於追求精神上的歡樂和麻痺，而且不論其代價。

當事情越來越惡化，我們就越來越需要可以減輕負擔、遺忘一切的東西，或是讓我們像發動機一樣，興奮得轉個不停也行。

更多的宗教、更多的革命、更多的藥物、更多的電視頻道、更多的運動、更多的賭場、更多的色情書刊、更多的彩券、更多的網路通路……更多更多，越多越好，這一切讓我們產生一個印象：生命就是無盡的尋樂。

當然，在這同時，每天早上我們必須抖掉宿醉，然後暫時遺忘行樂八至十個小時。這段期間，我們必須拖著一定配額的石頭，堆砌金字塔的某一面。

## 23. 為別人的金字塔工作不會是你的目標

讀者一定對我的工作很好奇。難道我也要拖很多石頭，飽受折磨嗎？沒有，實際上我是非常幸運的人。

很早以前我就發現了一個安頓之處，在那個地方，我可以把自己當成是一名工匠，而不是只會拖拉石頭的馱獸。

可以說，我製造石頭讓別人去拖，而且我對自己的技術很自豪。

我的工作生涯是從一個美好、受人尊敬的小金字塔開始的，這個小金字塔是由芝加哥的史賓塞出版公司所建造，稱為「美國人民百科全書」；後來它被更大的金字塔建造者買走，石頭一塊塊搬到紐約。

我繼續留在芝加哥，為科學研究協會（Science Research Associates）的金字塔工作，稱為大克利夫蘭數學研究計畫。沒多久，這也被更大的金字塔建造者買走，那就是IBM。

然後我換到大英百科全書教育公司服務，我在數學部門監督金字塔的建造。

我結束工作生涯的最後一家公司，擁有者是另外一個巨人，叫勝家公司（Singer corporation），我負責監督所有多媒體金字塔的建造。

離開工作的最後一天，公司總裁告訴我，我的工作做得「太好了」。我不必做那麼好，他解釋說，因為那只是「小孩子的工作」，而且，「小孩子看不出好壞的分別」。

我終於認識到，為別人的金字塔工作，絕對無法完成我的目標。

## 24. 如果存款有十億元，你還會繼續工作嗎？

我今天所用的技藝，跟當初在公司服務是同樣的。我為自己與為別人做事的方法，也是一樣的。工作並沒有變，但是我不認為這跟建造金字塔有關。

考驗是這樣的：**如果你在銀行存有十億元，你還會繼續從事賴以維生的工作嗎？**老實說，會嗎？我很肯定，本書的讀者有百分之十的人要說「會」，譬如史蒂芬史匹柏以**及比爾蓋茲，他們已經有十億元了，可是仍然熱愛他們的工作。**

我也是幸運的百分之十當中的一員。**如果我在銀行有十億元，還是要繼續寫作。**

世界上有好多空間，可以讓這些熱愛工作的百分之十好好發揮。我的熱情就是在這世界創出小小的空間，讓其餘百分之九十的人知道有這回事。我不是想奪走史匹柏與比爾蓋茲的樂趣，只是想為找不到樂趣的數十億人，打開一個逃生通道，**這些人腳步沈重拖著石頭爬上金字塔，並不是因為他們愛石頭或喜歡金字塔，而是他們沒有其他方法可以讓食物出現在餐桌上。**有個方法可以讓他們休息一下，同時卻不會奪走百分之十幸運人士所享受的悠閒，只要我們超越這個稱之為文明的東西。

# 25.「文明」是什麼意思？

我可以自創一大堆語意曖昧、概念模糊的詞語，例如舞台背景、後現代主義……但是「文明」並不在其內。牛津英文辭典對文明只有簡短幾句解釋：「指開化的條件或狀態，人類社會發展或促進的狀態。」

美國世襲辭典說得清晰、完整些：「在人類社會中，物質、文化、智力發展的促進狀態，顯示在科學、藝術與廣泛寫作的進步之中，以及表現在複雜的政治與社會機構上。」

促使文明中的組織變成複雜的政治與社會機構，這樣的力量當然是階層制度的安排。幾個農耕村落的聚集，並不是複雜的政治與社會組織，當然也不能稱之為文明。幾千年之後，皇室人員住在宮殿，由專業的戰士守衛，利用同宗貴族與教士的城堡作為緩衝，隔離一般大眾，具備這種政治與社會複雜性的組織，就是文明。

在這種角度下看，沒有任何部落社會可以被稱之為文明，無論他們多麼「先進」。

# 26. 人類目前的生活是有史以來的最佳狀況？

部落生活對人類而言，是自然淘汰之下的禮物。人類群居在一起，就像共同生活的野狼、鯨魚、蜜蜂。經過了三、四百萬年演化的人類，出現了社會組織，**人們喜歡部落組織，那是因為部落在運作過程中，每一個人都是平等的。**

文明出現之處，部落就會枯萎，讓階層制度取而代之。階層制度對統治者來說運作非常良好；但是對組成社會的一般大眾而言並沒那麼好。上層的少數人對階層制度喜歡得要命，但是被統治的下層百姓喜歡不起來。

從歷史經驗裡我們燃起一線希望：那些嘗試階層生活的人，最後都因為不滿意而放棄了。此外，當我們摧毀某些文明時，他們的嘗試依然在進行中，因此我們無法了解他們的嘗試會走向哪條路。我們還有一線希望。

透過複雜的文化基因，我們黏附在階層社會裡，這個複雜的文化基因告訴我們，不論我們多麼討厭，目前的擁有無法再改善，且無論危害世界多大，甚至即將造成我們滅絕。複雜的文化基因告訴我們，人類目前生活是有史以來的最佳狀況，而且無法更好。

# 27. 納奇茲人的階層制度

十七世紀被歐洲人所發現的納奇茲人（Natchez），他們繁榮的地區是在現今密西西比州大納奇茲一帶，他們的社會是介於農業聚落同盟與完全發展的文明（例如埃及與馬雅）之間。他們的貴族有三個階級，平民只有一個階級。最高階級是太陽，其中的首領是個活生生的神，大太陽。第二個階級是貴族，然後第三個階級，榮民。最下層的是平民「細漢」（Stinkards）。

納奇茲人之所以引人注意是因為他們的階級是世襲的，但是成員關係卻不是（或不完全是），因為每一個上層階級的成員，必須跟「細漢」階級結婚。也就是說每一個「細漢」階級的子女可以往上升，而上層階級的子女往下降。簡單講，與「細漢」階級結婚的結果是，太陽階級的兒子變成貴族，貴族階級的兒子變成榮民，而榮民階級的兒子變成細漢。可是降到了社會階級的最底層之後，也就是說太陽階級的曾孫，變得有資格與太陽階級的姑娘結婚，然後他們的後代成為太陽階級。一個新的階級循環再度開始。

# 28. 納奇茲系統的缺陷

在納奇茲系統裡，無論你多麼高貴，你的父母其中之一必是最底層的「細漢」階級；而且，即是你出身於社會最底層，也有可能與貴族結婚，生出貴族階級的子女。真是很難想像，如此怪異的系統可以依正常方式演化出來。我認為，那是精心的設計，企圖修正別人所放棄的階層制度缺失。也許納奇茲人察覺到，馬雅與奧爾梅克人社會的問題所在，因此有意加以修改。

如果這樣，納奇茲人可能在人類社會發展史中有了重大突破——建立一個實際上讓每個成員可以忍受的階級社會，因為沒有任何家庭永遠落在社會最底層，而是透過階層制度不斷改變。

自然淘汰會獎賞這樣的系統，讓他們存活下來嗎？納奇茲人可以凝聚部落中的成員嗎？很悲哀，我們無法得知，因為他們在十七世紀被法國人消滅了。

只是這個系統似乎有一個本質上的缺陷。因為有三個上層階級必須與最低層的「細漢」結婚，可是細漢階級有資格成婚的人漸漸人數不足，所以他們必須征服鄰居，向外擴張。

這種向外擴張的驅力，很可能讓納奇茲人在幾千年前就取代我們，成為世界的征服者；而且他們現在所面臨的危機，也可能跟我們一模一樣。

## 29. 超越階層制度

人類歷史中所產生的每一個文明，都跟階層制度有關。這個我們稱之為文明的東西，與階層組織是連在一起的，文明期望階層制度、需要階層制度。

為何如此？這將是一項吸引人的研究；但是再說一次，那絕對不是我的研究。對我來說，知道有這回事就夠了。你可以有階層制度但不要文明，可是你不能有文明卻沒有階層制度；至少我們從來沒有過，一次也沒有，任何地方也沒有——在一萬年的文明建構中。

**因此，要超越文明，走到下一個世代，就必須超越階層制度。**

超越文明代表毀滅文明嗎？當然不是。為什麼是？

所有貢獻於金字塔的修建者，應該可以忍受文明。至於其他人，他們只想要別的東西，而這些東西是我們本來就有的。

## 30. 新生活並不需要放棄什麼

儘管所有的情況都顯示著，我們正過著悲慘生活：社會瓦解、濫用禁藥、犯罪、自殺、精神疾病、兒童與配偶的虐待、遺棄、種族衝突、女性所承受的暴力……種種的比率不斷上升，但是我們文化裡的大多數人徹底被說服了，我們相信：無論用什麼方法，生活絕對無法更好；採用任何不同的方法，只會讓我們更加退墮、無謂犧牲。

經常有人問我有關未來的事情，他們問說，我是否確信未來的人願意放棄美好的享受，目的純然只是為了避免絕種。我的說法就跟在《大猩猩對話錄》中所說的一樣，「那是我們接著必須投入的另外一個故事」。在另一個故事中，人們帶著嶄新的文化基因，過著另一番生活新貌。

這些發問的人似乎想像著，**我正在招攬一種可悲的清貧生活，穿著粗麻衣，臉色蒼白，為我們的環境罪惡贖罪**。他們很肯定，以永續的方式過生活，一定得有所放棄。而以不永續的方式過生活，就不必放棄任何東西，包括非常珍貴的安全感、希望、無憂無慮，以及避免了焦慮、恐懼、罪疚所獲得的自由。

如果有這種懷疑，請想一想馬戲團。從來沒有人興高采烈地加入馬戲團，可是必須因此「放棄」某些東西。相反的，人們興高采烈加入馬戲團，反而「得到」某些東西。

## 31. 是錢讓我們變窮

人類學家馬歇爾．沙林士（Marshall Sahlins）寫道：「世界上最原始的人擁有的物質很少，可是他們並不窮。貧窮並不是指某些東西缺少，或是意欲與目的無法獲得實現；首先，那是與人有關的問題，**貧窮是一種社會狀態，是文明發明出來的**。」

我的妻子瑞妮與我在八〇年代學習到這項偉大真理，那時我們在新墨西哥中部的山村「馬德里」待了七年。我們靠微薄積蓄勉強度日，當時我正在寫書，這本書成為後來的《大猩猩對話錄》。那時我們很窮，只能維持最基本生活，而且是以山村標準而言。

在馬德里山村每個人都很窮，結果，沒有一個人是窮人。他們一家人的年平均收入大約是三千美元，遠低於全國低收入戶標準，可是馬德里卻沒有窮人。沒有人讚美貧窮或讚美生活簡樸。所有的讚美都放在他們的獨立、才情、嫻熟的必備技巧，以及他們隨心所欲的自由。

拜訪馬德里的人（就像拜訪馬戲團的人，帶著豐富的收穫回去）很可能都有一種「蕭條、沮喪」的深刻印象，實際上，我們從沒有住過一個地區那麼不蕭條、不沮喪。

## 32. 從芝加哥到馬德里

瑞妮跟我從芝加哥搬到馬德里，最初並不是為了找回健康生活，或是減少對地球的危害。我們只是希望，在我寫書的時候可以減少花費。

我要談談其中的不同，在附近的聖塔菲，花八萬塊錢還不見得買得到附車庫的屋子，但是在馬德里，我們可以買到一間小屋，鄰近高速公路，而且距村中與商店不遠，只花了三萬元。

雖然是這個價錢，但如果我們覺得環境不是完全合意，還不見得想買。最主要的是，房子在村鎮的主街上，而且距離村外的設施走路也不會很遠。種種方面都很像我們之前在芝加哥的住所。

離開芝加哥搬到馬德里，我們降低生活標準，卻獲得更多東西。

## 33. 文明是一種祝福，但我們可以自由離開

有些人不喜歡我的說法，他們可能認為，我只是一個痛恨文明的人，寧願過著親近自然的生活。

了解我的人一定覺得好笑，因為我是文明的愛好者，而且非常樂於住在美國第四大城的市中心，很方便就能走到藥房、超市、錄影帶出租店、藝廊、餐廳、書店、博物館、大樓噴水池、大學、紋身店（同時我的生活也非常接近自然，每一年每一天每一分每一秒；而且實際上，沒有人可以抗拒大自然的吸引力，不論你住在哪裡）。

也有人挑戰我說，我要如何住在沒有空調，沒有暖氣，沒有室內水管，沒有冰箱、電話、電腦等等的房子裡。他們認為我是提倡貧窮的改革運動者，儘管他們無法找出我的著作有哪些相關言論，可以支持這樣的觀點。

我不是強烈反對機械化和自動化的盧德份子（Luddite，註），**我不認為文明是一種詛咒，反而它是一種祝福，只是人們應該可以自由離開，追求更好的東西。**這些更好的東西我會在隨後說明，此外沒有其他的了。那些想要找尋「更壞」的人，只能說，他最好去閱讀別的書籍。

註：一八二二年間英國紡織工人盧德率工眾搗毀工廠的新機器，因為擔心新紡織機取代舊式的手動機具而失業。許多工人後來被處絞刑。盧德份子引伸為對新技術與新發明的阻撓行為。

# 34. 去思考你完全沒想過的事

查閱任何的字典，可以發現「文明」這個字是指社會的「進步」。可是，只有唯一的一件事才能稱為社會的進步，那就是部落制度（在此，野蠻人不能代表這個特殊類型的社會組織；野蠻人既不是部落人，也不是指在文明階層相較之下較原始的族群）。

我們自以為已經將部落制度遠遠甩在後面，就像現代醫學拋棄了水蛭與接血的碗。我們多麼毅然決然，而且多麼堅定，不走回頭路。因此我們實在很難體會，部落制度實在是唯一別具特色的人類社會組織，同時也是人類歷史中唯一確實成功的社會組織。

當聰明、設想周到的前蘇聯政治家戈巴契夫喊出「新開始」以及「新文明」之時，他毫不懷疑，這個引介給人類的社會組織，將帶來壓抑、不公、貧窮、長期飢荒、無休止的暴力、大屠殺、全球性戰爭、犯罪、貪污以及大規模的環境破壞。

面對我們這個危機最深沈，同時無限成功的時代，人類當今的享受遠超過以往的三百萬年，這實在完全難以想像。我這本書的目的，就是要大家去想完全難以想像的事情。

金剛鸚鵡的日子過得很愉快，
但是如果所有的鳥都要過
金剛鸚鵡的生活，那就糟了。
我們的問題不是人的生活方式「不好」，
而是他們以「同樣的方式」生活。

# 1. 沒有動亂的革命

由於革命在我們的文化裡，經常代表著對階層制度的攻擊，因此它總是意味著動亂，從底層動盪至上層。

**超越文明之時，動亂無法扮演任何角色。正如同飛機出了問題，你不會開槍射殺飛行員，你會抓住降落傘，緊急往下跳。**推翻階層制度是沒有意義的；我們只是想離開，把階層制度留在後面。

每一個人都知道（特別是革命家），階層制度保有難以破壞的防衛，藉以防範低階層的攻擊，可是卻防範不了被拋棄。這只是程度上的問題，階層制度可以想像革命，卻想像不了被拋棄。即使它可以想像被拋棄，卻無法防範被拋棄，因為被拋棄不是攻擊，而是不再繼續支持。幾乎不可能防止人不去做什麼事（也就是不再繼續支持）。

但是權力有可能介入，企圖防止人不做什麼事嗎？我可以想像，他們正在嘗試之中（不過我真的需要幫助，才能想像他們正在進行）。

## 2. 革命而不推翻

一般的革命目標，是希望傾全力做出秋風掃落葉的一擊，造成全世界的改變。理想上，統治者必須在一夜之間消失，而且還包括支持者與爪牙全體。煥然一新的繼任者準備在第二天取而代之，並宣布新政權。但是這樣的情節，對希望超越文明的人而言是毫無意義的。

**首先，造成全世界的改變根本不必要。**這些堅持造成全世界改變的人，將會等待好長一段時間，說不定永遠等下去。沒有必要讓全世界的人晚上上床睡覺前，過的是一種生活，第二天早上起床，過的又是另外一種生活。這種事不會發生，企圖讓它發生也沒什麼意思。

**同樣，我們也沒有必要讓世界產生全面性的改變，**也就是突然間讓所有的事情開始變得不同。沒有必要發生這種事，而且世界也不會讓這種事發生。隨時記住：「**人類的生活，沒有某個正確的途徑。**」過去不曾有，未來也不會有。

**最後，我們不希望統治階級在一夕之間消失。我們還沒有準備好，不希望文明的種種公共建設消失**（也希望永遠不會這樣）。至少到目前為止，我們希望統治者與領導人，繼續為我們監督單調而辛苦的文明建設，例如修補馬路上的坑洞、讓下水道與污水處理廠繼續運作……

## 3. 變化而非同一化

人們經常想像，全世界的六十億人，如果從明天開始可以過全新的生活，那該多好。這就是我們根源最深，而且不斷誤導的文化基因；我們總認為必定有某個最正確的路徑，適合大家過生活。

我羨慕新幾內亞的蓋布西人，可是相信我，不是世界上每一個人都應該過他們那種生活。

我羨慕吉普賽人，但並不是世界上每一個人都應該過那種生活；而且夠奇怪的，某些人如果去過那種生活，很可能以失敗收場。

我羨慕加拉力人（Jalali）——阿富汗的流浪小販與表演者。可是不是世界上每個人都該過那種生活。我也羨慕蘇丹的土婆薩人（Tuposa）、肯亞的雷第利人（Rendille）以及澳洲西部的開葉拉人（Kariera），可是不是世界上每個人都該過那種生活。

這不是基於社會學上的思考，而是屬於生態學思考。金剛鸚鵡的日子過得很愉快，但是如果所有的鳥都要過金剛鸚鵡的生活，那就糟了。長頸鹿活得很舒服，但是如果所有的動物都要過長頸鹿的生活，牠們的繁殖地就要遭殃。

**變化，而不是同一化，萬物才能順利運作。我們的問題不是人的生活方式「不好」，而是他們以「同樣的方式」生活。**

**地球可以容忍許多人以貪婪、浪費、污染的方式過活，就是無法忍受「所有的人」以那些方式過活。**

## 4. 我們不能夠繼續等待

我們不必在明天、或者未來的某一天，讓六十億人口過著環保聖人的生活，鎖定這個目標肯定要失敗。這就是我在這裡所提出的策略。

我們不必夢想著像戈巴契夫所描述的「這是人類唯一的希望」，要達成全球的啟蒙與統一，並企圖解決所有問題；這是不可能的夢想。

**我們不能等待世界共同體的所有成員，都能夠「堅決拋棄舊有形態」，也不能等待世界共同體的所有成員一起去做任何事，**因為，我們再清楚不過了，世界共同體的所有成員根本絕無可能共同完成任何事。

「時間到了，」戈巴契夫說，「為全球的發展選擇一個新方向。」但是誰會去做這個選擇？隨便誰都可以嗎？還要多少年或是多少世紀，事情才會實現？如同前美國副總統高爾所說的「新的共同目標」，會降臨在地球的什麼地方？什麼時候地球人才會一致同意，讓共同的「某個目標」浮現出來？

這些不可捉摸的虛幻目標、無效的期待，讓我們深陷在無望之中，年復一年，白白蹉跎數十年又數十年。

我們不能等待全球的領導人解救我們。當所有人要求他們（或者甚至容忍他們）在短期內要有迅速的進展，為什麼他們突然開始像全球的空想家一樣思考？

## 5.那些無意義的等待者

因為我們不期望推翻政府、廢除世界上的資本主義、讓文明消失，或是讓世界上每一個人變成活佛，所以我們不必坐等任何事發生。

但是我必須警告，許多人會告訴你相反的意見，那就是，我們必須等待，一直到世界「已經」變得完美。他們覺得，絕對不能讓革命發生，直到我們趕走社會的不公平、種族主義、女性歧視、貧窮，以及你所能想到的每一項壞事情。

許多人告訴我，我們必須等待，直到每個人懂得尊敬、善待每一個人。許多人告訴我，在每一個人「覺醒」之前，我們不能做任何事情。

會這樣想的人，等於是在繃帶還沒有綁之前就期待傷口癒合，在沒有點蠟燭之前就期待天亮，或是，在沒有上救生艇之前，就期望沉船浮起來。

他們的想法超出我的理解，而且，對於他們令人驚嚇的長期等待，我也無法提供意見。我想不出該對他們說些什麼。

# 6. 改變巨人的思考方式

一名朋友最近送我由國際民主聯盟（Alliance for Democracy）出版的一本《深入民主》（*Deep Democracy*）雜誌，這本雜誌的宗旨是「在政治、經濟、環境、文化與資訊的組織宰制中，解放所有的人；建立真正的民主，並以正當經濟手段創造一個正義的社會」。

雜誌封面是一幅政治漫畫，呈現出雜誌社的自我洞察力：一名自稱大衛的小人物，面對著歌利亞（Goliath，聖經中被大衛所殺的巨人），巨人手持黑金政治寶劍，以及貪婪之矛，身披跨國公司戰甲，由主流的壟斷媒體守護著。這個漫畫的標題絕妙之極：「似曾相識」。確實似曾相識，因為這種情況已經發生了一次又一次，而且重複再重複。

我必須向朋友解釋，我希望國際民主聯盟能有好運道，我知道自己不可能參與他們的奮鬥。我們不能等待大衛毀掉巨人，因為很明顯，大衛絕不會毀掉巨人。他們兩人就站在那兒，腳指頭對腳指頭，相對了好幾千年，而且從現在開始，他們還要相對好幾千年。

**我們不必打敗巨人。我們只需改變他的思考方式。**

# 7.巨人的新心靈

曾經，鋪天蓋地的廣告產業出了一個巨人，他的名字叫雷．安德生（Ray C. Anderson），他的公司因特費（Interface, Inc.）初期規模不大，可是兩年內在他的帶領之下，竟成為全球數一數二的跨國領導公司，營收數十億美元，而且名氣之大幾乎無人不曉。

最早時期，這個巨人一直遵從政府的相關規定，可是他們還是無法不成為高度污染的企業；他們依賴石油，而且製造填埋不完的垃圾。

一九九四年，安德生讀了兩本書之後，從此改變他的心靈。其中一本是保羅．霍肯（Paul Hawken）的《商業生態學》（*The Ecology of Commerce*），另一本就是敝人的《大猩猩對話錄》。讀完這兩本書之後，安德生看出，光是遵守政府規定，仍然不夠。他立刻採取行動，不再依賴石油，並全面回收資源，要求達到百分之一百的回收率，而且要將填埋的垃圾降低到零。

然而更重要的是，這項改變影響的不是只有他的公司，突然間，所有競爭對手為了保持競爭力，被迫採行他的環保高標準。

這個巨人不只是改革他的企業，同時也改革了整個產業。他不是被勇氣十足的小大衛打敗，而是因為兩本書讓他做出不同思考，而且讓他以不同眼光看這個世界、看他的居所。

**如果人的心靈改變，而且願意改革產業，又何必政府花上數十億元制定法律，並強制大家去實行？**

## 8. 超越文明，建立新生活

我要再說一次，因為我們不期待推翻政府、廢除世界上的資本主義、讓文明消失，或是讓世界上每一個人變成活佛，以及治療所有的社會與經濟毛病，所以我們不必坐等任何事發生。

**如果有十個人超越文明，為自己建立了新生活，那麼這十個人「已經」找到出路，生活在另外一種新的模式中，**開始過新生活的第一天，進入了下一個文明之中。他們不需要組織的支持，他們不必隸屬於哪一個政黨或參與某個運動，他們也不需要最新通過的法律。

他們不必獲得允許、申請執照。他們不需要憲法。他們不需要免稅申報。

對這十個人而言，革命已經成功。

他們應該提早作準備，因為鄰人會很憤怒。

## 9. 宗族部落在現代

三、四百萬年之前，人類所逐漸形成的部落（tribe）是一個種族團體，有共通的語言、共同的守則與習俗，他們是家庭的延伸。

這種宗族部落的社會界線，主要用來區別其他部落的成員。以蘇族人為例，他們不能因為想要，就自行決定變成納瓦狄族（Navajo）。但戰爭的俘虜是特殊例子，在類似的特別情況下，改變部落歸屬即可能發生。不過如果它變成通則，部落的完整性就會受到傷害。

瑞妮與我分屬於麥凱家族與昆恩家族，就跟現代大部分的家族成員一樣，我們走自己的陽關道，他們走自己的獨木橋，只有非常難得的機會，這些家族才可能出現「部落聚會」。所以說，現代人反而跟朋友與同事比較親近，與家族成員較疏遠。

不過宗族的部落制度並沒有任何神奇之處。我們在馬戲團所看到的部落也同樣是宗族部落制。那是自然淘汰所留下的產品，而且運作良好，並為我們提供一種模式，特別適合我們大多數人居住的城市環境。

## 10. 為什麼不可以無所事事？

在《*My Ishmeal*》（台灣未有中文版）一書裡，我詳細說明了一位名叫傑佛瑞年輕人的生活。傑佛瑞是個優雅、聰明、有吸引力、多才多藝的人，但是他卻無所事事，不知道該做什麼，成天跟朋友廝混、寫日記、彈吉他。

他的朋友不斷催促他找出生活的方向，培養一些企圖心，關心一些事情，但是他什麼事也沒有完成。當他們對他說，他實在很無能，因為他沒有目標，傑佛瑞開始相信他的朋友。最後，當他絕望發現到，每一個人似乎輕輕鬆鬆就能發現目標，傑佛瑞安靜而毅然的結束了自己的性命。

聽到許多年輕人說自己就像傑佛瑞，我並沒有大驚小怪。他們知道，世界上有很多事情，他們「應該」去完成。如果他們不去完成，很多人會大驚小怪，而且認為這是徹底的錯誤。

因為我花了很多心血，研究許多與我們不同的文化，我知道，**人類沒有什麼天生應該去完成的事，或是應該出人頭地**、應該有一個職業、應該從事某個專業、應該有個生涯等等。**這些觀念對大多數的土著來說，完全是陌生的**，他們完全滿意於類似傑佛瑞的生活；而且，**為什麼他們不可以？**

## *11.* 渴望加入部落的年輕人

傑佛瑞最後因為缺乏部落歸屬而去世，當然，不是因為沒有宗族部落的關係。年輕人常常告訴我，他們渴望跑去加入巴西的亞農馬密人，或澳洲的阿拉瓦人生活圈；我則向他們解釋，這些部落不會對他們開放的。

雖然他們熱誠好客，但是無法接受眼睛睜得大大的孩子，這些孩子會跑到他們的門階求助，因為他們缺乏技巧，適應不了部落生活。

徘徊了許久，傑佛瑞跟熟悉的人住了下來——家庭的朋友、以前的大學室友、父母親。當然，這些人沒有一個過的是部落生活；他們有工作、職業、生涯，但是這完全是「個人的」，所以傑佛瑞在他們之中沒有空間。

他們無法以共同合作的方式過生活，所以包容不了傑佛瑞。傑佛瑞永遠是一個客人，而客人儘管很有吸引力，早晚會不受歡迎。

換個角度說，傑佛瑞無法找到某個人，這個人知道該給傑佛瑞「某些」需要的東西。許多年輕人也想要過「某些」東西，如果他們能像部落一起合作，就能輕易得到。

每一個部落都有生活的標準，而且部落成員都願意支持彼此。

類似傑佛瑞的人必須住在部落世界，一個開放的部落世界。在這裡他們不會孤單，而且非常不寂寞，我認為。

## 12. 馬戲團並不是來者不拒

馬戲團非常典型，就是一個開放的部落。國籍、語言、種族背景、膚色、性別、性傾向、政治偏好、宗教信仰，任何人只要對馬戲團的生活有貢獻，絕對不會因上述因素而被排除，但是，它的開放性當然不是絕對的。

**馬戲團不是無家可歸者的避難所，它不是慈善機構，可無條件收容任何人。**然而這並不是說他們反對利他主義。馬戲團必須照顧好內部成員，否則大家愛來就來要去就去，普渡眾生的馬戲團如何活下去？**一個無法凝聚成員的物種，必走向滅絕，馬戲團也一樣。**

另一方面，**馬戲團如果太慈悲，例如收容對馬戲團沒有貢獻的人，沒多久一定遇到困難：**開始刪減薪水、降低一般的生活標準、節約到變成吝嗇……然後優秀的團員開始跳槽到其他馬戲團。

馬戲團必須在財務獲利與成員需求的照顧上，平衡運作。運作不平衡的馬戲團，很快就會消失。

# 13. 走入部落代表走出監獄

一般的企業不會增加自己負擔，來盡部落義務。他們不會「關照」員工；這樣做只會帶來困擾，而且無利可圖。他們只是付出薪水，期望員工自求多福去照顧自己。**同樣薪水，某員工吃喝玩樂非常夠用，另一名員工可能縮衣節食還度不了錢關。**從公司觀點看，薪水合理是第一要務，無所謂公不公正。儘管第二名員工可能有大家庭要撫養，或有生病的父母要照顧，也可能理財技巧差勁……這一切，並不是公司的錯。公司無法面面俱到，而且**他們不怕這名員工跳槽到競爭者那裡，因為競爭者同樣也不會面面俱到。企業中這個只付薪水，並閃避其他義務的不成文規定，讓社會上彌漫著一股監獄般氣氛**，員工自覺「沒有出路」。無論他們從這家公司換到另一家公司，從一個國家搬到另一個國家，他們雇主的義務僅止於付薪水（這樣的安排雇主非常喜歡）。

監獄的安排永遠會讓守衛喜歡。這就是預期，對事物秩序的預期。沒有人認為，監獄的興建必須適合被關者的需求；同理，企業的成立也必須適合員工的需求。

走入部落代表走出監獄。

# 14. 沒有一本教課書會倡導富貴

一名學生對我說：「我喜歡你的說法，但是我看不出走出文明如何像鯊魚、毒蜘蛛、響尾蛇一樣無害，可以幫助我們過生活，而這個成功的標竿是你在《大猩猩對話錄》裡建立的。」我認為這名學生就跟許多人一樣，對「放棄」的觀念比「獲得」更覺得自在。他很擔心在生活中享受自己的人，可能比否定自己的人要受更多責備。

一個心意良善的人，經常想要讓自己放棄某些東西，這樣的想法正是文化的期待，因為我們文化中的倫理系統與宗教系統，經常是要求自我否定的。在階層社會裡，守窮聽起來似乎是一種祝福，而且永遠是一種好主意（在他們的素樸心態下，富貴總是一場空）。如果你認為這些已經是過去式，那麼請試試找出中小學教科書，看看裡面有沒有提倡「富貴」的價值。書中絕對不會向學生倡導富貴的。你一定找不出那一本教科書這樣說：「賺很多錢，做最好的享受，進口汽車、豪華大廈、遊艇、僕人、設計師設計的新潮服裝、名貴珠寶、豪華的旅行……」

**我們樣板式的教室神話，總是對財富與性緊張兮兮。**

# 15. 傷害性最大的文化

這個星球上，人類曾有許多不同的生活方式；但一萬年前出現了一群人，他們相信世界上的每一個人，應該用同一種方式過活——他們的方式。而且他們認為，那是唯一「正確」的方式。

經過一萬年的努力，這群人（我稱他們為掠取者）征服了地球上的每一個大洲，統治全世界。掠取者泛濫於他們所征服的地區，霸占、取代、消滅了擋路的其他文化與文明。

當新大陸的文明被毀滅，全世界只剩下唯一的文明：掠取者文明，也正是我們的文明。從這個觀點看，「文明」與「我們的文明」變成了同義字。

目前，**美國等同於極端富裕的代表，我們的文明也達到最高點。地球上沒有任何地方物品的使用、消耗、浪費比美國更多。**雖然其他國家還沒有達到這個富裕高峰，可是他們很渴望。他們沒有別的目標，心目中只有唯一的生活方式。**所有的人以美國馬首是瞻。世界上每一個人應該要有一間房子、一輛車子、一部電腦、一台電視、一具電話……至少要有一樣，都有最好。**

我把這個現象稱為「傷害性最大的文化」，在這個文化中，所有的成員奮不顧身極欲達到富裕的最高點，而且這個最高點也正永遠不斷上升。

## 16. 如何遏止這樣的文化擴張

我曾被問到，「如果我們不徹底摧毀掠取者，它會反彈並再度擴張嗎？」只要基督教神話繼續主宰人的心靈，中世紀還是信仰的時代，從農奴到國王都是中世紀神話的傳播者。但是文藝復興之後，這樣的神話式微了，而且很難想像這種信仰的時代曾經出現過。整個文明幾乎不太可能再度擁抱中世紀的主宰神話。

掠取者神話也是一樣的道理。一旦真相曝露之後，人們了解到這只是一種有害思想的集合，掠取者就不再發揮影響力，即使這個影響力已經籠罩我們一萬年了。了解到沒有唯一的正確生活方式，那麼誰還會提著劍去散播掠取者的觀點？了解到文明不是人類最後的發明，那麼誰會去保衛階層制度，把它當成是人類最神聖的組織？

但是，最後的「法老王」會不會惱羞成怒，把核子武器對準我們？

如果他們有能力的話，也許會，不過，他要如何找到不跟他們比鄰而居的「我們」，好將武器對準而不傷了自己？當總統看到他的權力鬆動，會去轟炸華府，毀滅住在那裡的部落人嗎？紐約市長會把曼哈頓炸掉嗎？

## 17. 追求更好的東西

對六十億成員的文化，傷害最大的是大家奮不顧身追求最大的富裕。我們沒必要隨著那些百分之一過著宇宙皇帝般生活的人的恐慌而起舞。只是我們必須警告其他百分之九十九的人，他們「希望」過著宇宙皇帝的生活。

帶領我們離開這個監獄的人，可能不會是身價數十億的流行歌曲明星、體育英雄、商人。我們必須找出方法離開，而且我們也必須找出更值得「希望」的好東西，不能只是希望住在芭芭拉史翠珊與麥可喬登隔壁的暗無天日囚室中。

**這個世界可以支持幾百萬名法老王，但無法支持六十億的法老王。**

「希望追求更好的東西」，莫非這就是我在《大猩猩對話錄》裡所說的「另外一個故事」？我曾說過，「人們需要一個有關世界與他們的眼界，藉此鼓勵自己」，難道也是那種意思嗎？我也曾在《B的故事》裡提到，「如果世界被拯救，那是因為人生活在另一種新的遠景裡」，難道我也是那種意思嗎？

當然是。

## 18. 先從減少傷害開始

如果還不清楚，我必須再回到那名學生的問題：「走出文明如何像鯊魚、毒蜘蛛、響尾蛇一樣無害，可以幫助我們過生活？」

任何超越文明的行動，代表離開傷害性最大的文明，並因而減少對自己的傷害。越過監獄圍牆，不會立刻像鯊魚、毒蜘蛛、響尾蛇一樣無害，卻能立刻讓你朝向新方向前進。請這樣看：**超越文明的行動不會帶來更大的傷害**。如果你想受到傷害，那請去緊抱文明。只有進入文明的體制，你才能夠燃燒一萬加侖的噴射機燃料，飛行至巴黎，到你喜歡的餐廳點菜。只有進入文明體制，你才能夠把珊瑚礁炸掉，因為它妨礙到你。

**超越文明的行動會自動限制你使用傷害性工具。**芙拉馬戲團的人絕不會掩人耳目建造彈藥庫，或是成立煉鋼廠，不是因為他們不想，而是因為即使他們想，也不會使用這些工具。為了重新取得這些工具，他們必須離開馬戲團，在傷害性最大的文化裡為自己找到新場所。

## 19. 當大地變成人類的菜市場

那麼，我們努力將傷害性降低，夠了吧？

雖然那是必要的，而且是很好的開始，但是光是減少傷害性仍然是不夠的。目前我們正處於食物競爭的中途，對我們與對世界而言，這比冷戰時的軍備競賽更令人厭煩。這是一種食物生產與人口成長之間的競賽。

目前我們尊奉的是英國經濟學家馬爾薩斯（Thomas Malthus, 1766-1834）的觀念，亦即生產足夠的食物餵飽人口就是「贏」；如同冷戰時期的美國人，生產足以摧毀蘇聯的武器就是「贏」。

他們沒有看到，**每當美國人認為贏了，就會刺激蘇聯也要贏回來；每一次食物生產**

**的「贏」，也會刺激人口成長的「贏」。**

現在，我們的食物競賽，已經把地球的「生物量」（biomass，每一單位面積內的生物），快速轉變成「人類量」（human mass）。這就是現在所發生的事，**我們驅逐每一塊土地上的野生動物，種上人類的穀物，養活快速增加的人類。**

地球這一塊土地所支持的生物量，包含著成千上萬的物種，以及數千萬人。可是現在，生產的都是人的糧食，大地變成人類的菜市場。每一天，世界的多樣化逐漸消逝，越來越多的生物量變成人類量，這就是食物競賽的下場。

## 20. 結束食物競賽

結束武器競賽有兩個方法，不是爆發一場核武災難，就是參與競賽的人離開。很幸運，第二種情況發生了，蘇聯垮台放棄了，核武災難沒有發生。

食物與人口之間的競賽也是一樣，可能以災難作為結束，只要更多的生物量被人類破壞，基本的生態系統就會崩潰。不過最後的結局不一定如此。

有可能像武器競賽一樣，人們只是安靜離開，然後大聲說，「我們現在了解了，**食物與人口的對抗沒有『最後的勝利』。因為每一次食物的贏，就對應著人口的贏**，不能再這樣下去了，以前就是如此對抗的，現在我們看出，以這種方式對抗，永遠沒完沒了。」

但是事情沒這麼好善了，因為這樣的聲音實在太小，即使我在其他的著作與演講中，已經強調了好幾千次。這個主題已滲透到我們文明神話的最深層，比我想像得更深。當初我還以為在《大猩猩對話錄》裡花個幾頁就可處理。

這是一隻危險性極高，會吃人的人身牛頭怪物（註），他就躲在我們文化迷宮的正中央，遠遠超過我們目前的觀察眼界。

註：在希臘神話中，傳說克里特島上有一座巨大的迷宮，住著一隻牛頭人身的恐怖怪獸，每年要吃掉很多童男童女。

# 21. 超越文明一百年

如果我們現在就開始過新生活，一百年後，人們還是有可能繼續在這裡活著，而且要盡快；否則，休想。

但我們如何抵達未來的國度，而那又是什麼樣的光景？烏托邦神話中充滿著甜蜜、大方、更加親切的人們。但是我寧願看見人們散發幾百萬年來的自然本性。聖人氣質是沒必要的。

當人們開始在新的千禧年越過圍牆，社會的捍衛者會先發出警報，把這一切視為文明之終結。他們會用社會與經濟的倒刺鐵絲把這堵圍牆加高，但是沒多久他們都將體會這一切的徒勞。

如果有些人被說服了，以為圍牆之外沒有其他地方可容身，他們還是會繼續拖著石頭。但是一旦某個地方打開了，沒有任何事可以阻擋他們的叛逃。

一開始，這些叛逃者仍須從金字塔的建造者那裡獲取生活所需，就像現代的馬戲團。過了一段時間，他們開始不那麼依賴金字塔建造者。他們彼此的互動越來越多，開始建立部落之間的經濟。

**百年之後，文明所剩的規模大約是現在的一半。世界上有一半的人口，仍然屬於傷**

害性最大的文化，但是另外一半，過的是部落化的生活，享受更合適的生活形態，朝著獲得「更多人所需」的生命方向前進（與只想個人如何獲得更多的方向完全相反）。

## 22. 超越文明二百年

逐漸，經濟平衡的力量轉移到原有的文明與周圍的「超越文明」之間。越來越多人體會到，他們可以拋棄許多其實根本不想要的東西（權力、社會地位、自以為的便利、禮儀、奢華），同時追求深深想要的東西（安全感、有意義的工作、更多休閒、社會平等，這些都是部落生活的產品）。

不再與市場擴張綁在一起的「經濟」，逐漸變成當地事務與國際間的合作，慢慢地，經濟就會失去作怪的理由。

兩百年後，我們所謂的文明被遠遠拋在後頭，變成被憑弔的骨董。城市仍然存在，它們的命運呢？就跟藝術、科學、科技一樣，不再成為工具，不再是傷害性最大文化的化身。

為了讓預言更有力量，我不會沈迷在這些推論裡。我把它們投進水中，目的是向大家顯示我所瞄準的目標所在，並讓大家隨著漣漪，蕩漾回目前的岸上。

## 23. 超越文明只須過不一樣的生活

一個烏托邦的標準情節：召集許多朋友，穿上農裝帶著農具，找到一片可以遁走的荒野樂園。這個老掉牙的情節所以吸引人，因為它不需要想像力，且有時候真的可以令人朝思暮想好幾個月。

為六十億同胞提供這種泛泛的解決之道，等於為無聊創造空前紀錄。

**文明不是指一個地理區域，而是一個社會與經濟的範圍，是法老王統治與社會大眾建造金字塔的地方。**

同理，**超越的文明也不是一塊地理區域，而是一個社會與經濟的範圍，是開放的部落人追求自己目標的地方。**

你不必到某個地方去超越文明。你只須過不一樣的生活。

# 5

## 走向新部落制

街民不一定真的喜歡無家可歸，而是其他的選擇比無家可歸更糟糕。

# 1.為什麼有人會「無家可歸」？

保守估計，任何時候，當超越的文明進入社會與經濟的某個中間狀態時，美國大約會有五十萬人，會成為現代人所謂的無家可歸。無家可歸的說法比「窮鬼」稍微婉轉一些，因為它特別針對高度現代化城市中的某種窮困窘境而言，可以另外註解為「都市的空間非常珍貴，無多餘之處可與窮人分享」。

幾個不同原因匯聚成了無家可歸的潮流。其中之一是由心理疾病造成的，一九七〇年代精神病患大量出院肆虐了街頭。另一個成因是，缺乏技術或技術不精的勞工，因為公司裁員或自動化而氾濫了勞動市場。

另外還有一個原因，是那些五、六十歲所謂「條件不利人士」所造成的，包括被遺棄的婦女與子女，種族偏見的受害者，教育條件不足、缺乏技術與長期失業的勞工。

還有一個控制不住的無家可歸潮流，藥物濫用、流浪漢，酒鬼、偷渡客，以及「選擇」不要家的遊民，這些都是莫須有的窮人。

## 2. 讓無家可歸的人「消失」

政府官員當然希望無家可歸的人消失（也反映了大部分選民沒有說出來的心聲）。這並非不厚道的一時衝動。**他們的假設是，無家可歸的人自己「想要」消失，他們想要獲得工作、找個家、重新回到「正常」生活。**

於是政府官員的角色是協助、促成、鼓勵無家可歸的人重回所謂的正常生活。首先，他們什麼事都不應該做，才能鼓勵無家可歸的人「繼續保持」在無家可歸的狀態。或者簡單說，應該讓無家可歸者盡可能繼續保持在困苦、低等、痛苦的狀態。你很清楚，我們的公共政策守護者，會好好完成這項使命的。

當然，大眾很希望流浪之家的出現，但是不要期待流浪之家會有週到的招待，因為這樣會讓這些人想要留在裡面，如果無家可歸的人開始停留在流浪之家，就會打擊到引誘他們「回家」的目的了。

因此官方不計所有代價，避免核准流浪者之家，結果流浪漢四處為家，住在大街小巷、公園、隧道、廢棄建築物、橋下等等。警察必須定時驅趕，因為如果無家可歸的人有地方住得太舒服，那麼他們怎麼會想要結束流浪生涯？

**盡可能讓無家可歸的人保持在悲慘狀態，這反而是一種仁慈，**一種硬心腸的關愛，也是我們為他們設想的最富同情心的手段。

## 3. 不適合的方式，多試幾次也不會有效

如果有個從外星球來的人類學家，對我們文明做觀察，其最偉大發現，將是我們對失敗的麻痺反應：如果去年沒有效，今年「再做一次」（可能的話多做幾次）。

每一年我們通過更多法律，聘用更多警察，建設更多監獄，審判更多違法亂紀的人，而且刑期更長。但是對於終結犯罪，沒有任何成效。**去年沒有效的，或者前年、大前年沒有效的，很肯定，你今天會再嘗試一次，但毫無疑問，你很清楚今年也一定無效。**

每年我們把大筆的錢投進學校，希望把出問題的地方好好調整一番，每一年，學校依然頑固地沒被修整好。去年花的錢沒有用，前年、大前年花的錢也沒有用，但是你可以肯定，我們今年會再嘗試，而毫無疑問，你很清楚今年也一定沒有用。

每一年我們想盡辦法趕走無家可歸的人，每一年，無家可歸的人還是與我們同在。

我們去年無法收容他們，前年、大前年也無法收容，但是你可以肯定，我們今年會再嘗試，而毫無疑問，你很清楚今年也一定無法收容。

## 4. 順應才是最大贏家

為了找出更佳方式來回應失敗，你不必成為絞盡腦汁要摧毀敵人的飛彈科學家。**我的處方是：如果去年、前年、大前年都沒有效，或者有史以來都沒效，那麼，嘗試別的。**

我們深深相信，對付問題要採取軍事行動。我們向貧窮宣戰；如果失敗，我們宣稱戰敗。我們要打擊犯罪，我們與流浪漢戰爭，我們與飢餓搏鬥，我們宣誓要打敗愛滋病。

工程師不像政客與官僚承擔不起失敗，與其抗爭，他們寧願順應。他們知道，沒有任何建築結構可堅固到足以抵抗地震。所以他們不會故意造出最堅固的建築物，以對抗地震威力，反而他們會順應地震，造出有柔軟性的建築。**順應不是投降，而是在拉鋸時**

讓一步；順應不僅僅是最大聲的辯辭，同時也是最大贏家。因此防震的建築物可以在地震時矗立不倒，並不在打敗地震的力量，而是了解到順服地震、應付地震的原理。

如果某個勇氣十足的人能以了解、順應，而不是對抗來處理流浪漢問題，那麼奇妙的事情將會發生。這不只是對無家可歸的人而言。

## 5. 傾聽無家可歸者的聲音

順應無家可歸者，就是接受這項事實：窮人經常選擇周圍比較不糟糕的狀況。如果你發現有人住在橋下，而不去一街之外那個美觀、乾淨的市立流浪者之家，你絕對可以肯定他們沒錯——從他們的觀點看，獲准進入流浪者之家的手續，可能很囉嗦、霸道、難堪到令人難以忍受，或者規矩太嚴厲。不論如何，橋下的生活還比較好忍耐。當然，某個人覺得比較不糟糕的情況，另一個人可能不這麼認為。

紐約的街友會告訴你，那裡的食物很多，幾乎不可能挨餓。即使這樣，還是有人寧願躲避有吃有喝的世界，住在地底下，因為那裡有很多新鮮又好玩的遊戲（只要你習慣他們的想法，他們會把獵來的老鼠殺了煮來吃）。

順應無家可歸者，也要接受另一項事實：**他們了解自己的狀況，不是以社會科學家、經濟學家、城鄉設計者的方式，而是以他們特殊的個人觀點**。他們也許無法論述去工業化的過程，但是他們所知道，那些自以為是、命令他們去找工作的人，是活在幻想國度中；他們所想像的工作世界，幾十年前就已經不存在了。

## 6. 誰可以解雇「不工作者」？

一個遭遇船難的人在大海中即將溺斃。他看見有一艘船經過，鼓起全身餘力，用力揮手，並大叫救命。船上的人凝視著他，輕蔑地大叫：「去弄一艘船啊！」

社會科學家馬庫斯（Peter Marcus）寫道：「無家可歸者所帶來的啟示，不僅有智性上的真實面，也就是機構系統已經無法建造基本的避難所，滿足每一個人所需；甚至也有社會上的真實面，也就是這個系統已經走入無法越過的限制，它『創造了一個不再可以控制的世界』。」

我喜歡引用這句話，因為其中所說的「機構系統」，十分符合我所提出的工程師蓋房子的比喻。馬庫斯指出這個機構透過人，創造了一個可以居住的世界，但是「不再可以控制」。

把這個喻意翻譯到我的隱喻系統，馬庫斯是在說，**無家可歸的人被推進社會與經濟的無人之境，而這個無人之境是「超越文明」的。當這個機構使盡權力，強迫無家可歸的人回到原來的地方，結局就是失敗，重複而且不斷的失敗。**

科技大師阿塔力（Jacques Attali）宣布了勞工階級的結束。「機器是新的無產階級，」他說：「勞工階級都收到了解雇通知。」

**可是我們都知道，在文明的結構中，並沒有「不工作者」的空間。所以，地球上有哪個地方可以發給這些不工作者解雇通知，除了「超越」的結構，不是嗎？**

## 7. 順應街民可能是另一種方法

我們都知道，與無家可歸的人「戰鬥」是怎麼回事。我們的攻擊可分兩個陣線：第一個陣線，舉例來說，我們為無家可歸的人敞開流浪者之家，但是我們不希望他們留在流浪者之家，所以盡可能讓他們覺得不受歡迎。

第二條陣線，我們通過反街頭露宿法案，讓那些不留宿在流浪者之家的人成為罪犯。這項立法允許或迫使警察攻擊沒有地方住的流浪漢，因為這些人成為我們所不希望看見的人。

除非無家可歸的人獲得矯正、找到工作，而且多多少少神奇地轉變成為美國主流的中產階級，否則這項戰鬥將成為擲銅板遊戲，「正面的人頭我們贏，背面的梅花你們輸」，一翻兩瞪眼。

換個角度看，**順應無家可歸的人應該是這樣子：幫助他們順利成為無家可歸的人。**多棒的想法！我幾乎同時聽到自由與保守派人士齊聲咆哮：我們怎能接受這個觀念，幫助他們順利成為無家可歸的人？我們不是要他們失敗，不要變成無家可歸嗎？這樣他們才能重返主流呀！

順應無家可歸者的第一步，**就是為他們除罪化，對他們解除管制。**我們很樂意為數兆美元的工業生產解除管制，讓它們繼續擴大傷害，有什麼理由不對無助的窮人解除管制呢？好個想法！

**負責解除管制的官員，他們在預留與借出安置機構時，有可能圖利數十億，不過至少，流浪漢不會穿著破爛在街頭遊蕩。**

## 8. 讓他們安置自己

管制與罪名化無家可歸的人，猶如以超強建築物挑戰地震。對無家可歸的人解除管制與除罪化，就是了解馬庫斯所言：「機構系統……創造了一個不再可以控制的世界。」我們應該放棄對無家可歸者的管制，因為那是「超越」控制的，就像地震一樣。既然我們無法打敗地震與無家可歸者，更該學習如何好好處理。

曼哈頓地下有好幾千英里長沒被利用、可以居住的地道，可是無家可歸者無法去使用，理由只有一個：盡責的政府官員擔心他們可能住進去。官員解釋說，沒有人應該住在地道裡，因為那不是為居家而設計的，人住在裡面不安全，不健康也不衛生。

儘管說得頭頭是道，還是有一些無家可歸的人寧可住在地道，也不願住在門廊或橋下。與其派遣警察把無家可歸的人趕出地道，政府官員應該派出工程師，去了解市政府有何改善環境的妙方。然後他們可能聽到，「我們需要衛生設施，有水、有電。」

不要把無家可歸的人趕到「我們認為舒適」的地方。幫助他們活下去，在他們認為舒適的地方。

## 9. 為什麼寧願浪費食物，也不分給需要的人？

當我們否決了無家可歸的人可以進入地道、廢棄建築物、橋下的簡陋木棚，在這同時，我們也否決掉他們的豐盛美食，這些美食都是一般市民所拋棄的廚餘。

有些餐廳把拋棄的食物浸入阿摩尼亞，讓食物無法再食用；另有些餐廳把大型垃圾桶加鎖。他們沒有拜託流浪者協會幫忙分配這些剩餘食物，只是讓食物變垃圾，在我們的土地上腐爛。

或者想像一下，這種提議可能激起好市民多大的義憤：多麼恐怖、多麼不道德！竟然允許遊手好閒的人依靠我們不再需要的食物維生。甚至比「允許」更嚴重，我們這樣是在鼓勵、幫助他們；然而實際上我們不是應該戰鬥、鎮壓嗎？

## 10. 讓他們求生

我們的文化裡有一些奇怪想法，我們教導孩子輕視腐食動物。掠食動物是英雄，腐食動物是卑賤的。然而真實的情況是，如果沒有腐食動物，我們的世界將不堪居住。我們會被屍體埋葬。腐食動物以生物垃圾維生，所以我們不應該詛咒，而是讚美牠們。

現在馬路上大部分動物屍體，都因烏鴉與禿鷹而消失。如果這些鳥絕種了，我們就必須接手牠們的責任。腐食動物為我們效勞是不收費的，換成環保局做就得掏腰包了。

大致上，無家可歸者唯一的生活方式就是到處覓食，而且他們大多滿意這樣的生活。他們不需住址、不必服從監督、不需打卡、不必穿著社會認可的服飾，而且時間完全自由。

大衛．華格納（David Wagner）在他對北方城市的研究中，描述了一群醉漢如何把廢棄建築的銅製品拆下來販賣。當然這是不合法的，儘管銅製品最後命運是被扔棄。可是為什麼要想盡辦法阻擋這種行為，而不是去鼓勵呢？**大量的物資可以用這種方式回收、再利用，如此一來，不僅保存了資源，也減少了化成有毒廢棄物的垃圾量。**

## *11.* 就像法老王讓以色列人離開那樣

無家可歸的街民是「超越文明」的，因為他們超越了文明的階層制度。這個制度無法發展出結構張力封閉他們，最常用的方式只是鎮壓、掠奪和阻擋。

順應無家可歸的人就是「讓他們走」，一如聖經上法老王讓以色列人離開。

我是在說無家可歸的人真的想無家可歸嗎？不盡然。有些人是「短期的」，他們是在厄運的詛咒下不得不暫棲街頭，他們還是想重過成功的中產階級生活。但是我的提議沒有半個會阻礙他們。

**其他的街民不一定真的喜歡無家可歸，而是其他的選擇比無家可歸更糟糕**——法令規定多如牛毛、無休止的家庭暴力、自以為是的偏差照護系統，以及沒有前途的勞動市場。

然而不論如何，事實是，許多無家可歸者最後都開了眼界，看到不同的東西。

## *12.* 我喜歡現在的生活

這是住在地道的人告訴記者的說法：「我是獨立的，可以做我想做的事。我不是懶惰或不想工作。我整天在都市遊蕩，收集罐頭，這就是我想要的生活。」另一個地道居民描述，他被哥哥跟蹤，因為哥哥想幫他重回正常生活。「他拿給我一萬元。他就是無法了解，這個地方就是現在我想生活的地方。也許不會永遠，只是現在。」

大衛．華格納的一個研究個案，為了躲避經常性的家庭暴力來到這兒，發現街頭生活：「真酷！我可以想睡哪就睡哪。我跟其他人一起住，我喝酒，像小鳥一樣自由。」

另外一個，在十二歲時逃出家庭虐待，「我到處旅行，走到海邊，走到南部去。感覺非常好，我從不回頭，不論發生什麼事。」

即使街頭是較不好的選擇，許多人還是覺得，從那裡獲得的支持比家裡還多。一個蹺家的人向記者描述街頭朋友說：「如果他們需要食物，需要幾塊錢，我會給他們；當我需要什麼東西，他們有的話，也會給我。」另一名蹺家的人告訴記者：「我們相互間的支持是真的，不像一些社工人員只有一個小時；我們這些人互相關心，互相了解。」

## 13. 會產生什麼結果？

如果我們讓無家可歸者找到自己的庇護所，或提供他們一些場所，而不是把他們趕來趕去；如果我們透過管道，每天把吃剩的食物提供給他們，而不是迫使他們在流浪之家乞討食物。如果我們主動協助他們，用他們自己的，而不是我們的方式互相支持⋯⋯只要簡單想一想，無家可歸者所製造的大量問題，就不復存在。最後剩下的，就只是城市裡的例行工作，就像街道的維護。

我們城市中的街道從來不會被「修理」。只要無家可歸的人一直是醉鬼，我們就要一直「修理」他們。我們不會認為街道的維護是一個問題，因為我們順應了。

如果我們順應無家可歸的人，那麼我們與無家可歸的人將一起合作，而不是相爭不下。讓人有地方住、吃飽、受到保護，將成為共同的關心與共同的任務。

順應無家可歸的人不意味乞丐、拾荒女人、街頭醉漢通通會消失；就像維護街道不意味馬路坑洞、巷道封閉、交通擁塞通通會消失一樣。**順應無家可歸的人（像順應地震）代表面對現實問題去處理，而不是去把它抹殺。**

## 14. 我並不完全孤單！

對無家可歸的研究將近尾聲，大衛．華格納在他的書中《棋盤廣場：無家可歸社區的文化與抗拒》（*Checkerboard Square: Culture and Resistance in a Homeless community*）寫道：

> 如果為無家可歸的人……提供團體機動與團體資源的機會，而不是個人審查、監督與治療，會是怎樣的情形？如果，組成無家可歸者社區的密集社

會網路與凝聚的次文化，被律師、社工與其他人士利用，那會如何？如果所提供的住宅可以鄰近街友雲集地區，高級住宅不必遠離街友團體，而是可能彼此分享……又會是什麼情形？如果社會利益的分配不是依照個人，而是依照團體；收入的維持，或者食物、庇護所以及其他貨物的資源，都給予整個團體，而不是給予個人，那又會如何？所以，為個人生活提供各方面的供應，是迫不及待的事情，而且這是社會救濟政策必須再次擔保的，這項擔保將獲得大眾與無家可歸支持者，或其他窮人團體的認同。

所有的這些建議（即使華格納都承認激進），代表順應無家可歸這個事實。這整個設計是要幫助無家可歸的人，在無家可歸狀態中活得高尚，而且是，依他們想要的方式過活（而不是用政府照顧者的角度，認為他們應該怎麼過活）。

# 15. 給他魚吃不如教他釣魚？

順應無家可歸現象這個觀點，會引起各方面的反對意見。自由派人士認為，這是向無家可歸者「投降」，可是這樣的想法好像在說，順應毀壞的街道就是向街道投降。順應無家可歸的人代表傾聽窮人的聲音，相信他們自己可以照顧自己，以他們期望的方式幫助他們，而不是有社會地位的人認為他們應該怎樣怎樣。

而在政治光譜的另一端，保守派人士會認為，順應無家可歸者的現象，就像縱容白吃白喝的人，我們應該處罰、教訓這些不勞而獲的人，直到他們找到工作。最後他們會說，幫助窮漁民，最好給他們釣竿，而不是給他們魚吃。

政府官員的反對聲最響亮，因為他們與無家可歸者的關係，不僅是個人原則不同，許多人靠與無家可歸現象「戰鬥」維生。如果這現象消失，他們就要喝西北風了。

一九八八年的洛杉磯，偷竊購物手推車會罰鍰千元，同時在牢籠中拘押百日。一位匿名的善心人士捐贈百輛「合法」手推車給無家可歸人士，可是政府官員拉長了臉宣稱，「心意善良，卻有誤導作用」。

## 16. 最有力的反對

順應無家可歸現象，就是允許窮人在街頭生活，這將打開我們文化的牢門。褫奪公權與疏離將一去不返。這將是人類首度的偉大運動，進入社會與經濟的新地帶，我稱之為「超越文明」。

歡呼的部落（tribe）不再被鎮壓，將會日漸成長——也許是爆炸性成長。

我們不希望這樣的事發生，希望嗎？我的天，當然不希望。

那可能一片混亂；也可能非常刺激。

蹺家的卡羅，住在曼哈頓河濱公園殘破的鐵柵欄下方，他告訴記者：「我希望改變世界，這樣我們才有地方住。在這個好地方，我們將有真正的自由，不必躲在洞裡。」

這裡有一些危險的想法……是一個無家可歸者的地方……好地方……真正的自由……不躲在洞裡……

在圍牆旁邊安置更多警衛。強化牢門。

# 6

## 新部落革命

在階層組織裡，
老闆是高高在上的。
在部落組織裡，
老闆只是另外一名工作者。

# *1.* 馬戲團的組織方式，就是不折不扣的部落生活方式

多虧有他父親，傑佛瑞能夠生活得像流浪者，而不被烙上無家可歸者的污名。他很清楚表示自己對工作沒有興趣，但是無人譏笑，要他「去找個工作」！因為他從來沒有伸出雙手乞求救濟品。他的美好遭遇實在太幸運了，雖然他真的沒有家。但是在這個世界上，他可能發現屬於他的真正地方，成為歡呼的部落（tribe）其中一員。

當然，這個部落不可能適合每一個人。

我在拙著首度描述「新部落革命」時，就像天文學家描述一個尚未被肉眼觀察到，但是卻可以演繹出來的星球。如果有人發問，我可能無法提供例子，說明我的想法。經過一年模糊不明的摸索，我突然想到了馬戲團，馬戲團的組織方式就是不折不扣的部落。

雖然有了新發現，但是只有這唯一的例子嗎？

又經過了幾個月的摸索，我才體會到，我的思考太專注在種族部落模型上了，我一直在想一個可以讓六、七十人完全自給自足的模型，太注重部落的大小與結構，卻忘了

從部落的優勢上去思考。

當我開始用不同方式看問題，我突然想到妻子瑞妮與我，還有另外兩個人，曾經過著不折不扣的部落生活（不是有意的），那時候我們在新墨西哥州阿布奎基市東區，發行一份〈東山新聞報〉（*East Mountain News*）。

瑞妮與我發行報紙純粹是項冒險，我們實際上沒有本錢。發行了幾期之後，我們接到一通哈普打來的電話，他是一名被迫退休的老報人（他的年紀沒有人聘他）。他說他可以替報紙做任何事，除了賣廣告。我們表示願意接受他提供的故事與圖片，可是如果我們找不到人賣廣告，很快就會關門大吉。他說他可以了解。

幾個星期之後，我們收到C.J.的來信，她是一名年輕女性，渴望成為作家，而且對專欄也有一些想法，說不定我們會喜歡。

我們確實喜歡她的專欄，也喜歡她。接下來的問題是，「你能賣廣告嗎？」

她說：「什麼東西我都能賣。」

## 2.「部落」，不是指像部落人生活在一起，而是我們都從部落式的生活獲得了最大利益

突然間我們一起合作了。我們沒有一個人要求薪水。每個星期的結束，報紙發行的工作忙完之後，瑞妮會與C. J.、哈普一起坐下來，從廣告收益扣除印刷費用，剩餘的錢平均分配。

我們的規則是，每星期廣告收入多少就印刷多少。如果廣告的錢夠印十二頁，我們就印十二頁，而這是「美好的一周」；如果錢只夠印八頁，我們就印八頁，而這是「普通的一周」。

我們發行報紙有兩項理由。第一，即使非常低標準的生活我們也能樂在其中，因此報紙所提供的收入，可以達到正常標準，已經夠用。第二，這不只是賺錢的方式，我們都熱愛報紙發行的工作，而且對我們自己的貢獻非常自豪。

哈普所提供的照片，水準不亞於大城市的報社。C. J.的專欄好得難以置信。瑞妮的特別報導與新聞故事，可以當新聞系的教材。

至於我，仍然忙著寫書，每星期為我們的報紙付出三天時間，做一些設計與排版工作，我可以在寫作之餘趁機休息，同時也有機會做我喜歡的工作。

我們就像一個部落，但不是指像部落人生活在一起，而是我們都從部落式的生活獲得了最大利益。

## 3. 像馬戲團的工作團隊

就像馬戲團，我們每個人都有一個工作，這個工作是整體成功的基本元素。就像在馬戲團裡，最不好幹的工作就是老闆（那就是瑞妮的角色）；沒有人會羨慕她，或是想像她酬勞會不會過高。

**就像馬戲團，每個人都知道報紙必須賺錢，但是賺錢並不是目的。**就像馬戲團的成員，我們有最適合自己的生活方式。為了保持這種生活方式，我們必須讓報紙繼續發行下去。我們都「需要」報紙，我們讓報紙繼續發行，而報紙也繼續讓我們經營下去。唯一的困擾是，部落需要更多人手，但我們完全沒有看出這一點。

筋疲力盡的老闆需要有人分擔她的工作，工作確實不少，因為我們報紙發行區域與羅德島差不多。瑞妮忙得昏頭轉向，身心俱疲，但是我們所期待的人選，一直沒有出現。

我們期待有個人不只可以擴充我們的事業，同時他也能找到屬於自己的生活方式。有些人毛遂自薦，不過他們只對薪水有興趣。當他們知道報酬少得可憐，立刻轉身而去。他們不滿意報社所提供的生活方式，而這個方式可成就自己的事業，就像我們的投入。

## 4. 報社的成功與失敗

報社有一個成功的開始，那是因為我們建立了部落。我跟瑞妮幾乎沒有資本，只有少數現金，以及瑞妮的哥哥慷慨提供的老舊排版設備。以一般方式建立報社，並以正常薪水聘僱全職人員，可能需要好幾十萬元。而且，以一般方式建立報社，可能需要四、五年才可能收支平衡。可是以部落方式建立，一個星期就收支平衡了。

報紙如果發行區域廣闊，但是廣告量不多，依照一般出版商的投資目標，根本無法產生足夠的利益。確實，我們把報社賣給當地的房地產經紀商之後，他以生意手腕經營報社，很快就一敗塗地了。

講實在話，當時那個地區，根本無法支撐資本主義企業投資的報社生存。他們只能靠購物夾報（有商店折價券的廣告單）來支持。事實上，〈東山新聞報〉收攤之後，地位就被夾報取代了。

## 5.不是要「放棄」某些東西，而是「獲得」某些東西

阿布奎基這地方原先的報紙，並不是站在「我們山區」的立場作報導，只除了偶爾的凶殺案例外。〈東山新聞報〉的出現，讓當地人有史以來第一次能夠知道這個地區發生了什麼事：學校點滴、政治消息、社會事件……整個生活光譜都被我們視為「新聞」。

正因為居民沒有管道知道這些事，這便成了我們建立一個報社部落的利基所在。可是我們沒有足夠能力，以正常方式建立報社。

最初，我並不期待〈東山新聞報〉可否成為「真的」報紙。我希望把廣告加進來。有一次，在連續發行了四與八頁的報紙之後，大家開始覺得手頭拮据，我就提議：「為什麼我們不來做份夾報？」投票立刻被否決了。當初瑞妮、哈普、C.J.都願意參與，因

為那是一份報紙，不是因為可以賺錢。所以如果報紙變質為夾報，大家就會打退堂鼓，甚至賺再多錢也彌補不了大家的損失。

我看到了一件真正重要的事，在這部落裡，**我們不是在「放棄」某些東西；相反地，我們要在這部落裡「獲得」某些東西，而這些東西是其他地方所得不到的。**

## 6. 部落的基礎是互相信任

我們以報紙為工具，證明大家可以共有的生活方式。例如，當哈普需要新輪胎，我們就用廣告與當地的輪胎公司交換。當C.J.以自己的簽名買不到電話，大家就共同簽名為她背書。我們一點也不懷疑，如果跟其他人互換位置，他們也將毫不猶豫為我們做同樣的事。

賣掉報社之後，我們強烈建議新老闆，繼續與哈普與C.J.合作，可是他有其他想法。這時候的哈普在報界已經頗有名氣，沒多久就找到新工作，他新服務報社的發行範圍與我們的南區有部分重疊。

哈普還是繼續寫他的東西。猶記得我們在一九九三年重訪這個地區，哈普帶著拙著，封面是我的照片，這個印象仍深印腦海。

C. J.離開這個地區結婚去了，此後失去音訊。如果各位看到她，請對她說，我們希望跟她聯絡。

## 7. 部落企業的成功要素：各取所需

只是成為部落，當然不能保證成功，還必須具備成功的標準元素。在我們的例子裡，一定是大眾對報紙有需求，以及相當多的商店需要廣告，這兩項元素我們都具備了。

除此之外，瑞妮跟我特別幸運，找到了兩個合夥人，他們願意貢獻自己，一起發展報社事業，而且也滿足於這種生活方式，習慣簡樸。有了這一切，我們就不容易迷失。

我認為，至少必須具備一群人：⑴**他們有經營事業的基本能力**，⑵**他們滿足於最低**

的生活標準，以及(3)他們願意以部落的方式思考，也就是說從事業的經營當中，取得他們需要的東西，而不是斤斤計較薪水。

## 8. 部落是一群人的結合，大家為求生存而平等工作

到目前為止我看到了，依照傳統方式成功的任何企業，依照部落方式也可以成功，除了極少數例外。

如果某項事業是以個人為運作主軸，就沒有必要採取部落方式。舉例來說，很難想像一名內科醫師，他跟診所內的員工是以部落方式合作的。醫生的專業與員工的行政互有區別，反而是好事。另一方面，一個部落制醫院不是不可能，例如在醫院裡，內科醫師的份量，與外科醫師、行政人員、麻醉醫師是相當的。

至於作家這一行，我想不出該如何變成部落制（除非這名作家喜歡自己出版作品）。

餐廳、除草公司、建設公司，都可以用部落方式運作（我確信有許多公司已經開始實施）。請記住之前的定義，**部落是一群人的結合，大家為求生存而平等工作。**

我看到無限的可能性。

## 9. 新部落冒險家

常常有人問我，我會不會認為自己像是離開文明的**捐棄者**（leaver，註）？以前我總是回答：「當然不是。我跟你們一樣，都是**掠取者**經濟系統的囚徒。我完全倚賴大公司的體制出版、發行，靠這樣賣書。」

然後我會補充，我很希望有能力減少對這個機制的依賴性，即使十分之一也行，因為這代表著，人在囚禁狀態中至少有百分之十的自由。

一直到最近，我與瑞妮採行決定性步驟，去達成這百分之十。

我寫了許多東西，這些東西商業價值不高，對公司的出版機制沒有吸引力，但是這並不代表我的讀者沒有興趣。

為了讓這些作品可以讓想看的人讀到（希望贏得百分之十的自由度），我們決定成立一家公司「新部落冒險家」（New Tribal Ventures），這家公司可以讓我的作品，在美國出版公司的機制之外出版。

例如我有兩本小書《詛咒之書》（*The Book of Damned*）、《亞當的故事》（*The Tales of Adam*），這是我目前最有力量的觀念表達，不過每個人都認為，絲毫沒有商業性。這兩本書將交給「新部落冒險家」成為兩冊的系列，叫做《萬物有靈聖經》（*The Animist Testament*）。

註：在昆恩的思想體系中，他將演化中的人類分成「掠取者」和「捐棄者」。捐棄者依循自然法則生活，可一直回溯到百萬年之前的人類，從文明出走的霍霍坎、馬雅等人，都可視為捐棄者。而「掠取者」毀滅競爭對手，以求完全宰治，始於一萬年前文明建立，便開始了掠取者的歷史。

# 10. 部落的差事與組織

在未來的新公司，部落成員什麼事都能做：寫作、表演、賣票、清潔等等。丘佩波與歡樂天氣聯合大馬戲團也是這樣，大家什麼事都肯做：豎帳篷、照顧動物、表演等。〈東山新聞報〉是不同的組織。哈普與C.J.採訪新聞、賣廣告。我則組合廣告、排版、編輯。瑞妮整合所有的新聞、企劃，負責經營管理、處理雜事。後來雜務實在太多。由於人以部落方式挺身而出，協助處理雜務，我們必須僱人分擔，但財務上又負擔不起。

我們敗在未先看出，沒人去做一項很重要的雜務，叫做行銷。這方面的運作也是部落生活的延伸，可惜沒有人挺身而出。最後，由於缺乏生意頭腦與專門技術，我們陣亡了。其實我們應該聘人幫助瑞妮的，可惜我們沒有處理好，壓垮一名部落成員，甚至我們根本不知道會壓垮她。

**一個自立的部落，必須具備各方面的運作功能，這樣才能成功。**一個製造衣櫥的部落，如果沒有半個成員懂得賣衣櫥，絕不可能成功。

# 11. 提供一輩子安全感

毫無疑問，部落生活最大利益，就是提供成員從搖籃到墳墓一輩子的安全感。我必須一說再說，這不是因為部落人的德行高超或大公無私。狒狒、黑猩猩、大猩猩在自己的社會組織裡，也能享受同樣的安全感。提供這種安全感的團體，很明顯，比不提供的團體更能凝聚成員。再說一次，這就是自然的淘汰。一個不會照顧成員的團體，就是無法要求成員忠誠的團體（也可能不長久）。

但是，職業性部落也能對成員提供這樣的安全感嗎？顯然那得花上一些時間。如果你跟你弟弟星期二進入一家傳統公司，你不可能奢望星期三帶著全薪退休，然後靠退休金吃一輩子；如果你是創業元老，也許十二年之後才敢這樣想。

種族部落可以提供成員一輩子安全感，這就是他們的真正財富。**我們現代人設備、機器、娛樂豐富得不得了，對失去工作卻怕得要命。**有些人把失去工作當世界末日，他們取出自動武器向老闆開火，然後朝自己腦袋飲彈自盡。這些人肯定極度缺乏安全感。

# 12. 部落的老人照顧

有人問：「退休的馬戲團表演者，會不會受到年輕表演者的照顧？」意即老人在種族部落裡會不會受到關照。

這不是馬戲團生活的運作方式，也不是種族部落的運作方式。在部落中，老獵人不會特別受年輕獵人的關照。

我們要先了解，馬戲團不是只有表演者。從事其他工作的人比表演者多上許多，就像你在電影上看到的明星，幕後工作人員遠比演員多。

接下來，所謂「退休的馬戲團表演者」，這句話其實並未反應出馬戲團生活的實際狀況，也沒有反應出種族部落的真實生活，因為部落中，並沒有「退休獵人」這回事。當表演者不再表演，他們會在馬戲團做其他工作。他們不需要被照顧，因為他們不必在高空走鋼索、表演空中飛人。

所謂的「老人照顧」指的是什麼意思？如果你指的是安養機構的高水準服務，那麼很明顯，沒有任何部落提供這種服務。IBM與通用汽車公司並沒有經營醫院和安養機構，供員工退休之用；不過他們提供健康保險，任何部落也可以自由做這種選擇。

如果你的「照顧」是在指老人的衣食住行供應，以及在種族部落裡老人所受到的關心，那麼這個現象在職業部落裡也可以發現到。

## 13. 當一千個人以新的方式過活，世界就會開始改變

一般人傾向於想像，職業部落存在於後啟示的幻想世界裡。當我指出，他們可以擁有健康保險與退休計畫（如果他們想要的話），或者政府可以因此而徵稅，收取社會保險金，一般人都頗為驚訝。如果這樣，他們接著問，我們正在努力的重點是什麼？如果整個世界依然跟以前一樣，又何必多此一舉？對於這些問題，我發現再多的解釋也不夠。

我們既有母文化的教導是，我們需要一名「拯救者」，例如阿諾史瓦辛格，他是許多偉大聖者的組合：耶穌基督、傑弗遜、達賴喇嘛、教宗、甘地、戈巴契夫、拿破崙、希特勒、史達林，全部揉合在一起。而其他的六十億人沒事可做，我們所要做的只是安靜等待聖阿諾史瓦辛格的到來。

我的教導是，沒有任何一個人可以單獨拯救全世界。相反地，世界將被數百萬人（或數十億人）所拯救，然後以新的方式展開新生。

一千個人以新的方式過活，不會撼動舊世界的宰制秩序。但是這一千人會鼓舞一萬人，一萬人鼓舞一百萬人，一百萬人鼓舞一億人……然後世界的秩序開始顫抖！

（接下來可能有人會問：「如果世界的宰制秩序動搖，我的健康保險怎麼辦？」）

## 14. 部落之所欲就是成員之所欲

哥倫比亞大學有一名教授很肯定地說，全體教職員工就是大學，聽到這句話的校長（即後來美國的第三十四任總統艾森豪）立刻告訴他，全體教職員工是大學的「雇員」。

可惜艾森豪無法在這裡反駁，因為我要說，部落的成員不是部落的雇員，他們就是部落。沒錯，這就是差別所在。

由於部落就是它的成員，部落之所欲就是成員之所欲，不多也不少。

如果部落的成員希望部落提供一輩子的安全感，那麼就去努力吧！不過這樣的需求不是必須的，而且有可能在開放的部落世界中就消失了。

在這樣的世界中，舉個例吧，非常有可能丈夫與妻子分屬於不同的職業部落，而他們的子女又希望屬於不同部落。的確沒錯，這個多樣可能的開放性就是重點所在。一個部落就是一群人一起生活，而且無所謂唯一而且正確的生活方式。必須保持創造性。

## 15. 為什麼還要求生存？

有時候一些人對我的說法有些反感，並認為我所說的「求生存」想法是多此一舉。他們似乎覺得，如果「新部落革命」會摧毀一切，那麼我們就不必求生存，所過的生活應該像空中的飛鳥一樣快樂、自由。

一點也沒有錯。你可能這樣說：這就是重點。

他們的誤解與新部落革命無關，而是與空中的飛鳥有關。麻雀可能「像鳥一樣自由」，但是這並不意味牠們不必求生存。相反地，地球上每一種生物都必須求生存。蚊子、鵝、海豚、黑猩猩、蜘蛛、青蛙，都必須花費能量獲得生存所需。

沒有任何動物終生只是躺著，守株待兔等食物上門。即使植物也要求生存，每一棵植物都像一座勤奮工作的小工廠，從太陽吸收能源，忙碌轉換成維生物質。

**部落是很有效率而奇妙的社會組織，它讓求生存變得更容易。不像文明，只有少數特權階級求生存特別容易，其他大多數人特別困難。**

## *16.* 另一個部落實例

「新未來主義」是一個結合了寫、導、演三方藝術家的表演劇團。他們投入自己的心力，以互動式的概念劇場形式，從事社會、政治及個人的啟蒙。他們以「貧窮劇場」(註)形態，揉合了三十齣風格迥異的戲碼，構成一齣六十分鐘的獨特後現代戲劇，劇名叫「太多光線會讓嬰兒瞎眼」(Too Much Light Makes Baby Go Blind)。

這個特別的演出自一九八八年十二月一日出現於芝加哥，一九九三年又在紐約市的劇院成功演出。新未來主義劇團在一九九二年開張了自己的劇場，擁有一百五十四個座位，並附設藝廊。儘管在表演時平均只有八名團員上場，劇團中的十三名成員隨時都很活躍。除了寫、導、演出「太多光線」，這十三名團員實際上協助整個劇場的行政雜務與戲劇製作，包括維護包廂、打掃、回收、製作節目、購買道具等等。

註：此種理論的創始者為波蘭導演葛羅托斯基，與注重聲光效果的傳統劇場完全相反，貧窮劇場不在乎劇場外在裝置，而重於劇場本質的探討，及表演者與觀眾之間的互動實驗。

## 17. 部落人容易滿足

人類學家蓋區（Sharon Bohn Gmelch）研究吉普賽人與其他四海為家的人，然後列出這些人能夠存活的理由。他發現，**他們的經常性花費很低，而且很少有興趣從事物資的累積與錢財的投資。**他們願意開發最低限度的機會，去填補經濟缺口，並在許多不同管道中取得微薄利益。

簡單說，他們是滿足的，就像我曾住過的馬德里山村的居民，也像〈東山新聞報〉的成員，沒有一個人百分之一百靠報社維生。

新未來主義劇團也是這樣子。雖然他們的目標是靠劇場維生，但是在一九九八年大部分團員只有百分之三十到五十的收入是以劇場為主，例如創辦人阿倫，他在哥倫比亞學院教授劇場史補貼收入。

其他團員都有一些兼職工作，像是按摩治療師、體能訓練師、CD-ROM撰寫人、音響技師、占星命卜師、祕書、侍者，還有一位知名龐克樂團的搖滾歌手。

團員之一的羅賓森寫道：「我一直希望可以走出自己的生活，不必有美國公司的支持。從前我忙於許多亂七八糟的臨時活動，靠大家給我錢……直到我造訪了芝加哥，看到『太多光線』。我參加了，然後來到這裡。我參加試演，現在已經是劇團的一員。我的生活很好，非常好。」

# 18. 已成立的傳統公司已可能成為部落

有個問題我一再被人問到：「X」可不可能成為部落？在這兒「X」可以用來取代各種名詞。例如有人問，一個已經成立的傳統公司，有沒有可能轉換成部落制公司。是的，是有可能的，但是有困難。

主要是因為傳統公司中的薪水與工作時間問題。有些領高薪的人，可不願意薪水減少。減薪令人不甘心，即使薪水增加也可能讓人不高興，他們只想趕快做完工作，趕快回家。不過話說回來，沒有什麼事情是不可能的。

在休士頓的研討課裡，一名學生問，有沒有可能一群人在一起過部落生活，但是各自維生。當然，這樣也很好，不過這是共同社區（commune），不是部落，因為他們的維生方式沒有互相涉入。

然而，部落可不可能成為共同社區，或是，共同社區可不可能成為部落？必須有些背景才能回答這些問題。

## 19. 社區（community）與部落（tribe）的起源有何不同

我們所居住的一般社區，大部分只會「擴大」。一百或者兩百、五百年前，有一家雜貨店，然後許多店家加入了，有飼料店、肉店、馬車出租店、打鐵店、旅店……沒有多久，銀行、布店、民宿、律師事務所、理髮店、診所也加入了。

就某個觀點而言，他們都體認到，經營的成敗風險與社區的成功是一致的，差別只是每個人的成功程度。銀行家當然希望雜貨店成功，但是他不管那是張三或李四的雜貨店。民宿的老闆娘希望理髮店成功，但是她不管那是趙七或王八的理髮店。

共同社區不是以這種隨便的方式開始的。他們是特意形成的社區，住民都希望追求共同理想而住在一起，但相對而言，他們是互有區隔的。共同社區的人住在一起，而可能、也可能不工作在一起。

部落（我在這裡說的當然是「新部落」）的最初開始是，大家希望聯合彼此的能量與技巧，一起維生。部落的人在一起工作，可能、也可能不住在一起。

# 20. 部落和社區的規範知多少？

一般的社區如果擴大到一定程度，會在法律與習俗的許可下，制定出自己的社區規範。這些規範可能會排除某些特定人士，把其餘的都包含在內。換句話說，除非你是屬於某些被排斥的宗族、宗教、社會階級、族群，否則一律歡迎住進來。

共同社區則剛好相反。他們的社群規則是含括某些特定人士，而其餘的人則被排除在外。換句話說，除非你贊成這個團體的特定價值（社會、政治，或宗教），否則不歡迎你進來。

而部落的規則則是：「你可以擴展團隊的維生能力嗎？」

換言之，如果你想勝任部落中的職務，你就必須擴大這個團隊的賺錢力量。在我們的〈東山新聞報〉裡，哈普與C. J.就做出了這種貢獻。如果他們不是因為賣廣告，擴大團隊的賺錢力量，報社就無法容納他們。

# 21. 部落與「住在一起」無關，而是一起「求生存」

如同我之前所說的，部落人是工作在一起，但可能，也可能不住在一起。然而部落人也可以住在一起，但不變成共同社區。

吉普賽人、挪威的塔塔人、愛爾蘭的崔沃人、印度的納底瓦拉人，他們是工匠、貿易者、表演者，人類學家蓋區認為，這些團體的社會組織是非常有彈性的，而且「他們在本質上並不是共同社區」。

部落變成共同社區的困難所在，我認為傳統上，共同社區會站在理念分享的基礎選擇他們的成員。分享理念與部落的申請無關，而且也會被這個問題推翻：「你可以擴大你團隊的維生能力嗎？」

我可以很肯定說，我們在〈東山新聞報〉時期，沒有任何一個人想要成立共同社區。這樣的想法太荒唐。

部落與「住在一起」無關，而是一起「求生存」。

# 22. 共同社區可以成為部落嗎？

答案是「可以」，一個共同社區可以定義為部落；而這就是問題的開始。

一般而言，共同社區始於有人「想脫離」。也就是脫離腐敗、物質主義、缺乏正義的社會，基本上他們想住在「接近自然」的地方，且與理念相同的人交往。

由於他們的傾向是生活簡單、隨遇而安，所以他們可能自耕自足、製造手工藝或從事一般工作。過了一段時間，他們的理想實現了——也或許沒有實現。

有人開始覺得，田園生活沒有預期中那麼美好；也有人對自己的工作越來越不耐煩。生活不夠刺激、理想被遺忘、朋友越來越少，然後一切又回復到從前。

當然還有另外一種可能的發展。他們可能重新凝視自己的理想，希望以更令人滿意的方式住在一起。然而請記住，這一群聚在一起的人，基本背景是千差萬別的，所以如果他們有一些共同的職業興趣與技巧，那是運氣碰巧而不是事先安排好的。

這種情形就像你去雜貨店買了一堆字母M開頭的食材：mustard、mango、mackerel、mayonnasie、macaroni（芥末、芒果、鯖魚、蛋黃醬、通心麵）。回來之後才開始懷疑，有沒有買到烹調法國大餐的材料，當然有這種可能。但你不先去雜貨店購買烹調材料，一切都不可能發生。

# 23. 部落集合了共同的夢想

「我們現在就在穀倉表演吧！」這句來自四〇年代傳奇電影的名言，不論你是否曾在銀幕上聽過，其非常清楚的表達出，一群年輕演藝人員不斷找機會表現自己的才華和天分。

值得特別注意的是，這句話並不是從希望一起「發明」某些東西的一群人口中冒出來的。因為實際上，他們是一群已經知道可以一起做什麼的伙伴。演藝事業以同樣的方式，讓一些人聚在一起，如同新聞事業讓我們與哈普、C. J.聚在一起。我們有可能成為知己，但是必須透過報紙的牽線，我們才可能聚在一起，成為部落。如果我們開的是一家古董商店，或是電腦軟體經銷商，哈普與C. J.絕不可能牽涉進來，不論我們與他們多麼親近。

這背後一定有許多不同的心靈在運作，就像這個問題的答案：一群各具不同才藝的朋友，有可能變成部落嗎？答案是可能，就像共同社區可以變成一個部落。這絕對有可能，而且不只是非常可能而已，除非那群朋友所以聚在一起，就像新未來主義劇團，一開始就鎖定在一份共同的職業上。

# 24. 回歸樸素生活的阿米許人

屬孟諾教派分支的阿米許人（Amish 註1）是個宗教派別。為什麼他們是共同社區而不是部落呢？如果你申請成為會員，他們對你的宗教信仰與德行，比對你的農藝企圖心更有興趣。

一個共同社區「可能」成為部落，就像燈塔「可能」成為穀倉、長袍「可能」成為護士的制服一樣。不過事實依然是，我們給予事物不同的名字，因為我們感覺到它們有所不同。

在新英格蘭的殖民地，移民建立了共同社區，而不是部落，他們知道其中有什麼不同。部落是野蠻人的，而共同社區是文明人的。

有人會問說：「『班和傑瑞』的店是部落生意嗎？」答案是，在當初，班和傑瑞是公司僅有的員工，二人親自在冷凍室製造四又二分之一加侖的冰淇淋，然後在加油站舀杯賣給客人，他們是部落生意。但是在那之後，『班和傑瑞的店』漸漸擴大成長，只是它並不是藉由增加部落成員成長，而是以普通的方式增加員工；這麼一來，**『班和傑瑞的店』已經不是部落生意，而是以獲利為主的生意**（且不會因此而失去別人的讚美）。以獲利為導向的專業可以同時成為部落生意嗎？當然，只是它並不會「自動」變成部落生意。

我不是有意剝奪「部落」這個字的一般意義。反而，我的意圖是賦予它特殊意義，以使用在「新部落革命」的脈絡中。

註1：十六世紀宗教改革初期，孟諾教派主張政教分離，將宗教信仰實踐在單純樸素的日常生活中，並拒斥服兵役、任公職等等與國家有關的任何活動。而後一支派阿米許人離開孟諾教派另立門戶，主張與現世更大的分離，回歸更加素樸的生活。他們拒絕使用一切現代科技產品，沒有電話、電視，以馬車代步，生活一如百年前。

註2：美國著名的冰淇淋店，以手工製作香純可口的冰淇淋聞名。

# 25.崇高的野蠻人?

在思考該如何成立健康醫療部落的時候,一名醫師提到一項事實,我們社會的醫藥專業人士,通常都有非常高的生活標準。她的此番話等於暗示,她感受到這樣的生活標準是某種障礙、某種問題。

這個現象透露,她無意識地把健康醫療部落的成員,看成是部落野蠻人中較崇高的一群,且由於地位太崇高了,以致不知如何收取服務費用才好,也因此無法保持已經習慣的生活標準。

處理這個兩難困境很不容易,也就是說,如果把人看成不是完全自私,就是完全無私,結果都無法處理任何事情。就像開關,不是按開就是按關。部落生活就在這兩極之間,而且完全無私的個人,在部落中將會失敗;完全自私的人也是這樣子。

如果一位醫師決定,在小鎮做全科的醫生比到大都市做專科醫生更好,那麼,她會以為自己將一無所獲嗎?當然不會。小鎮的人會因為受醫療照顧而付錢。

如果醫生屬意待在醫療照顧的部落,而不是傳統的醫院,為什麼她會以為自己將一無所獲?大家都知道,無論醫生在部落或是在醫院工作,就跟任何人一樣,都必須賺錢維生。

## 26. 部落人合作無間、各司其職

一九七三年「刺激」這部片子上演。主角胡克（勞勃瑞福飾）的搭檔被黑社會老大所殺。為了復仇，他設計了一個叫「大贏」的騙局。

胡克需要人手，找上昔日騙徒集團的同伴（他們都有正常工作，例如辦事員或銀行出納），但都隨時準備聚集出任務。這一點令人印象深刻。

當信號一出——一種無言的信號，他們立刻放下手邊工作，而且也沒有問什麼是「大贏」，以及有多少報酬，他們馬上組織起來，智取黑幫老大。

就像馬戲團，當任務來臨，每一個成員都是最重要的。就像電影中的騙徒集團，有人研究如何讓這名老大上鉤，有人設計服裝、設計道具、設計場地，領導人亨瑞（保羅紐曼飾）雖然是老闆，但是並不會因此而特別重要。

所有的工作必須完成，而老闆只是其中的一員。**在階層組織裡，老闆是高高在上**

人凱伯（Goody Cable）創建的。

這個地方，你幾乎要身臨其境才能相信。只消擁有一個桌位，就能讓你像是進入一個奇妙世界，這樣的世界，我最貼切的描述就是部落。尖峰時間，顧客經常排隊等桌位，我認識一位當地作家，他每個星期會有一晚來這裡排隊，只為了享有殊榮屬於這個部落。

想入內的人經常大排長龍；他們喜歡來這裡，因為在這裡工作的人喜歡這裡。**部落人從生活裡獲得更多東西。**

只是在想，我花了三萬多字說明，真正意思只有上面那幾個字。

## 29. 文明懼恨部落人

各種巡迴表演的人，我們看起來很刺激，卻又覺得他們是危險人士，當他們離開舞台，我們躲得遠遠的。

這就是他們的魅力，特別是對年輕人。**曾經，吉普賽人常常被懷疑會偷別人家的小孩，很可能這是因為許多孩子無法抵擋吉普賽生活的吸引力。**

此外，有很長的一段時間，猶太人部落被認為會把人變成魔鬼。至於我們的文明摧毀原住民部落，下手更是絕不留情，因為他們的部落象徵著「落後」與「野蠻」。

文明希望我們依賴無所不在的階層制度，而不是互相信賴。文明也討伐自給自足的小團體，認為他們天性邪惡。這也就是為什麼無家可歸的人聚在一起時，一定要趕快驅逐。

這也就是為什麼瓦科（Waco）的大衛社區（Branch Davidian，註）會被摧毀的原因，他們沒有犯下任何罪行；但是，他們一定做了什麼非常不乾淨的事情——多麼沒有說服力呀！

文明希望每個人各自求生存，也希望他們分開住。在上鎖的門後，一個家庭有一間房子，每一間房子裡有食物滿滿的冰箱、電視機、洗衣機等等。這就是「高尚人士」的生活方式。高尚人士不會住在部落，他們住在社區。

實在很奇怪，當你表明部落生活是值得追求的，高尚人士便開始主張，他們也是部落，就像布希曼人或黑足人。

註：一九九三年美國德州的大衛教派與政府發生軍火衝突，以致多人死亡。世人多視其為宣揚世界末日的邪教。

## 30. 部落與社區

進入到階層組織的模型，部落變成了文明人所說的社區。任何時代，在文明的階層組織裡，社區在許多不同的指標上展現了自我相似性。

中世紀的約克郡村落，就是封建英格蘭的縮影，就像艾凡斯頓（Evanston）是現代美國的縮影。這種不規則的自我相似性，如同布里格與皮特（John Briggs and David F. Peat）所指出的，「是一種發生在動態系統中錯綜複雜的內在回饋關係」。

因此無法避免，艾凡斯頓、洛杉磯東區、哈林區、布羅肯艾諾、奧克拉荷馬，都是在反映我們社會的整體階層組織，這裡有富人、中產階級、窮人。大家不用去探討艾凡斯頓的富人比洛杉磯東區的富人更好過，或是哈林區的窮人比布羅肯艾諾的窮人更不好過。階層組織的結構就在裡面。

「社區」這個字是典雅正派的，而且排除了一些偏差份子。同性戀者經過長時間的奮鬥，才變成「同志社區」，但色情文學作家卻沒有這種機會。無賴、罪犯、前科犯，還有宗教狂熱者，他們沒有社區，他們是幫派份子、暴徒、危險份子、無知者。

我完全可以想像，高尚人士會被客觀主義、自願簡樸與創造性的個人主義所吸引。但我很難想像，他們會被部落生活所吸引。大概只有我吧！

## 31. 好設計比好材料重要

發明家帶來新的機器設計圖，工程師看著他說：「這個機器系統有缺陷，也就是說，經過幾分鐘的運轉後，它會自行損壞。」「好好做就不會，」發明家：「每一部分必須用最好的材料，而且要造得很精確。」工程師造好機器，可是運轉了四分鐘就壞了。發明家沒有氣餒，「你沒有依照我的指示，」他說：「你必須用更好的材料，更好的技術。」

工程師再試一次，新機器工作了八分鐘。「看吧！」發明家說：「你有很大進步，再試試看，用更好的材料、更精確的技術。」這一次新機器運轉了十分鐘。發明家吩咐他用更好的材料、更精確的技術再做一個。這次新機器轉了十一分鐘。

發明家希望用這個方式繼續做下去，並要求最好的零件，可是工程師拒絕了，他說：「你沒有看到嗎？我們的進展越來越小，**用改善零件的方式製造設計不良的機具，這是浪費時間。給我一個良好的設計，**我保證這個機器會用上一年，只要用一般的材料、一般的技術。」

## 32. 我們的文明並不是個好系統

我們的文化神話中有一個基本教義：我們唯一的錯誤就是被造得不夠好。我們必須由更好的材料、更好的技術製造。只要我們被造得仁慈一點、慷慨一點、甜蜜一點，更有愛心一點、自私少一點、遠見多一點，那麼一切就會很順利。

當然，沒有人在去年把我們造得好一點，或是在前年、大前年……或是有史以來的任何一年。不過，也許我們今年要走運了，或者明年、或者後年。

我試著努力表達的是，**我們文明裡的缺陷不在人，而是「系統」**。這個系統已經跑了一萬年，對個人而言這是相當長的時間，但是從人類的歷史看，這段插曲一點也沒有史詩般宏偉，只不過是個短暫悲劇。

在《大猩猩對話錄》裡，我把我們的文明喻為設計精巧的航空器，飛行了一萬年。但它是自由落體而不是飛機，如果我們繼續待在裡面，就會墜毀，為時不遠。但是，如果我們拋棄一些負擔減輕重量，它很可能繼續停留在空中，好久一段時間。

## *33.* 讓我們從圍牆中釋放出來

人類學教授費南德茲（James W. Fernandez）說：「人類學家跟哲學家不一樣，他們發現文化的世界是由混合隱喻所表現出來的。」

所以在這裡，我很樂意混合一些隱喻，把它們帶進新的文化世界裡。

花了幾個小時討論超越文明運動，以及如何進入部落生活，討論會裡有一名成員說，他仍然不明白如何讓人類生活更有永續性。由於之前我們曾探討過這個問題，所以現在我很樂意在這裡重說一次。新部落革命可能讓我們過更好的生活，但是如果這不能讓我們的種屬延續幾十年，那麼重點又在哪裡？

**現在有六十億人處於我所謂傷害性最大的文化裡。其中只有百分之十是禍首，他們以最快的速度，狼吞虎嚥我們的資源。而其他百分之九十的人生活毫無改善，只想跟百分之十的人一樣。**他們羨慕這百分之十的人，而且相信這種傷害性最大的生活，就是最佳的生活方式。如果不給他們更好的東西，我們就完了。

## 34. 系統即將改變

新部落革命就是逃生門，讓我們逃出我們的文化監獄，而經濟正是這監獄的圍牆。也就是說，求生存的需求把我們關在裡面，因為「在外面」無法求生存。

我們不能採用馬雅人的解決方式，我們無法立刻消失，進入種族部落的生活裡。但是我們可以從文明中消失，進入職業部落的生活裡。

這種作法會讓我們的文明煙消雲散嗎？當然不會，這只會減弱文明的影響力。只要越來越多的人看出，越過監獄圍牆代表獲得更好的東西，而不是「丟掉」一些東西，那麼就會有越來越多的人放棄傷害性最大的文化，而且這種文化放棄越多，越好。

逃生門帶領我們超越文明，超越我們文化神話學所說的「人類最後的發明」。

逃生門帶領我們進入人類「接下來」的發明。

儘管如此，這個接下來的發明可以帶給我們永續的生活形態嗎？我是這樣看的：人類生活在部落裡，其中的生態穩定性有如群居的獅子與狒狒。**部落生活不是人類坐下來就可以設想的。那是自然淘汰所留下的禮物、成功的證明。部落並不完美，至少不容易進一步改良，對世界造成更大的衝擊！**

另一方面，階層制度不僅不夠完美，甚至最後還會對地球與我們造成大災難。**飛機即將下墜，有人塞給你降落傘，你不會要求看保證書吧！**

# 35. 文明是一項冒險，但不必人人都學

在《B的故事》這本書裡還有其他地方，我花了很多功夫建立一項符合事實的觀點——掠取者「不是人」！當然，我不會收回這項陳述。說這些人不是人是在表明，因為他們現在已經把地球的生物量轉變成人類量。這些掠取者就是我們文化裡的人，也就是我們；我們不斷擴張，每一年把地球的數千種生物逼到滅絕之境。

那麼，為什麼我會把新部落革命描述為「人類」接下來的偉大冒險，而不是「我們」接下來的偉大冒險？答案很簡單：文明不光是我們的冒險。

我在本書一再指出，文明是很多人登船的冒險之旅。光靠一些老被自我犧牲觀念釘死的少數幾個「我們」，文明並無法被拯救。再說，如果文明不光只是我們的偉大冒險，那麼怎麼能說，接下來的偉大冒險是屬於我們的？

新部落革命不可能只是我們的，而是任何想加入的人都可以加入，不會強迫。讓人類的舊部落主義還是跟以前一樣美好。它絕對不會過時，被丟進歷史的垃圾堆裡。

登陸月球是人類的偉大成就，但是這不意謂，每一個人都必須登陸月球。

不願意浪費生命
為法老王建造金字塔的人，
都有一個共同需求，
而年輕人對這個需求的感覺最為強烈，
因為他們是整個過程中的真正馱獸。

# 1. 真正的自由是什麼？

在幾百萬人被視為人民公敵而遭清算的時代裡，有一名處境危險的詩人，因為有本領躲過史達林的震怒而聲名大噪。

一名法國記者千辛萬苦找到他，問說，在最近的恐怖鎮壓中，他有沒有保持沈默？「沉默！」詩人憤怒大叫：「我朗誦我的詩句，在劇院的舞台，每星期一晚上！」

記者與詩人約定，下星期一在劇場見面。到了約定那一天，劇場黑暗暗的，而且上了鎖。記者在附近徘徊了一個多小時，即將離去的時候，劇場的側門打開，詩人在夜色中溜了出來。「怎麼回事？」記者問：「我以為你會在今晚朗讀詩句。」

「今天晚上我在這裡朗讀過了，」詩人大聲強調：「而且剛剛發生，用最美妙的聲音，在空的劇場裡。」

只要有人告訴我，我的書鼓舞他們「去某些地方，並開始成立共同社區」，我只能祝福他們好運，並回應他們說，這跟我的想法差距太遠。**如果你只能因為住山頂或荒島而感覺自由，那麼很明顯，你還不是那麼自由。**

## 2. 自殺方式的選擇，透露自殺者的心態

不論是否有意，自殺方式的選擇經常透露出自殺者的心態：覺得有罪的人會吊死自己；覺得遭到犧牲的受害者會割喉；覺得被拋棄的人會從建築或橋上跳下來；覺得飽受折磨的人會把自己的腦袋轟掉。

在我的書中，傑佛瑞走到湖邊告訴我們，他無法找到自己的真實本質。別人似乎可以輕易呼吸的空氣，卻無法進入到他的肺裡。

我向許許多多的聽眾提到傑佛瑞（或他的真實生活典型），不過經常有一種感覺，我沒有真正講到重點，也許是傑佛瑞沒那麼傑出。

這樣的人到處可以發現，就在我們的孩子之中，只要我們開始傾聽。我不只是說傾聽他們的語言，有的孩子可能沒有語言。傾聽他們用深深疏離與絕望姿勢所表達的故事。他們的故事可能是：全國流行的自殺潮流、年輕人與兒童的禁藥濫用、青少年對抗家庭與朋友而出現令人驚訝的暴力。

當然也要傾聽他們的語言，但是千萬不要忘記，他們上過學，所以會說出大人想聽的話；他們當中的殺人者絕對不會忘記應該成為乖巧、有禮貌的少年。

只要有人告訴我，「傑佛瑞應該去共同社區的」，我就知道，我的立論不夠清晰。

他們的觀念代表很深的誤解，那就是，要去什麼地方才能發現自由。

## 3. 陷入希望「越來越好」的輪迴

前面那篇文章，是在令全美震驚的暴力事件前半年寫的。一九九九年四日二十日，科羅拉多州的哥倫拜高中發生槍擊命案，幾分鐘之內死了十五人。這次屠殺的行兇者是兩名極不受歡迎的男生，有同學事後指認，其中一人平時很乖。

我在讀高中的時候也沒什麼人緣，雖不像這兩名學生那麼不受歡迎，但是我同樣也受嘲笑、被認為無法管教。我也有一個死黨，我們倆偶爾也會訴諸暴力，但是卻從來沒想過要暗殺某人、炸掉學校，或是讓飛機墜毀在市中心。

時代已經不同，幾乎只有半世紀的時間，更不必提過去的黃金歲月，我們無法忘記，現在只要說錯一個字或有一刻的不理智，就可能觸動核子毀滅，讓我們的世界變成過眼雲煙。

如果這事沒有發生，我們的未來可能一片光明，但是卻沒有人體會到，我們正在讓整個地球變得難以居住，也沒有人去懷疑，我們可能這樣永遠繼續下去。所以我們才會產生希望，好幾公升、好幾英畝、好幾噸的希望。

我們有方法去從事我們知道的工作。我們有選擇。我們一點也不懷疑自己有辦法去做任何想做的事情，因為每一件事情正是以這種方式進行的，會越來越好，越來越好，越來越好，越好，越好，越來越好，越來越好，越來越好，越好，越好……永遠越好。

## 4. 從被貼上標籤那刻起，他們便成「那樣的人」

如果有別的路可走，哈里斯與凱勃（Eric Harris and Dylan Klebold）會成為「隔壁的怪物」嗎（〈時代雜誌〉這樣說的）？

在學校裡，他們被封為「垃圾人」、「同性戀」，他們朝從教室開過的汽車丟擲玻璃瓶和石頭。他們去學校為的是想發洩虐待欲嗎？不是，我們非常清楚為什麼他們要去學校：因為他們沒有其他選擇。

他們一定要去，被社會壓力、法律所逼迫。如果有別的地方可去，他們早就消失在哥倫拜高中，不會幻想成為復仇者與自殺者。

腦部的掃瞄可以透露出他們「基因上有暴力傾向」嗎？也許可以，然後呢？腦部的掃瞄可能透露出：我也是這樣子。記得提醒我告訴你，有一次和同學蹺課溜出去，我幾乎空手打死一個人，所幸在最危險的時刻好運降臨，免掉我們倆的一場災禍。

**「基因上有暴力傾向」不會註定你成為殺人凶手，但是「失去希望」會。**科學怪人之所以變成怪物，是因為他看出自己無法變成其他人。

從我年少的時代到現在，兒童憂鬱症增加了十倍，青少年自殺增加了三倍。一九九七年以來，校園命案讓密西西比死了兩人，肯德基死三人，阿肯色五人，柯羅拉多州最多，十三人。

看看這些死亡人數，以及這幾年來不斷上升的指數。除非我們的孩子有新的地方可去，而且他們的未來有真正的希望。

## 5. 現代人的「努力」，變得一文不值

不願意浪費生命為法老王建造金字塔的人，都有一個共同需求，而年輕人對這個需求的感覺最為強烈，因為他們是整個過程中的真正馱獸。

六十年前，沒有一技之長的畢業生在工廠工作，至少可以期待攀上晉升之梯，就像他們的父母一樣。但是在後工業化的年輕世代，有越來越多人被隔離在零售與服務部門，他們無休止的搬貨、上下物架、打掃、包裝、煎漢堡肉，學不到任何技術，而且看不到自己的前景。

他們與我們，所要的不是地理空間，而是文化空間。就像凱洛斯，住在河濱公園鐵欄杆下，知道居住在洞裡有某種程度的自由。同時他也知道，如果必須住在地洞才能得到，那就不是「真正的自由」。他所希望的自由是，喜歡住哪裡就住哪裡，不限定要住在洞裡，或是風景美麗的奧沙克高原、肯德基山腳下。他想要整個世界的自由，我想我們大部分的人都是如此。

為了獲得自由，我們必須把整個世界從法老王的手中奪回來。這並不困難，他們不會料想得到。況且，即使能夠料想得到，他們也沒辦法阻止。

## 6. 一再重複地認為「這一次一定不同」

六〇與七〇年的嬉皮時代，出現了許多有關革命的歌曲，但是革命本身一直沒有實現，因為這群革命者並未想到，其中還必須配合「生存方式」的大革新。他們的特殊貢獻就是「共同社區」的開始——一個熱門的新觀念，來自一群對我們嚴厲批評的人。

當錢花完了，而且父母也感覺厭煩，孩子們沒有事到處遊蕩，只好到採石場排隊等工作。沒有多久，他們也是拖著石頭去建造金字塔，跟他們的父母一樣，也跟祖父母一樣，也跟曾祖父母一樣，拖著石頭工作了好幾世紀。

這一次一定不同。最好如此。

## 7. 沒有唯一正確的生活方式

如同《大猩猩對話錄》所提到的，我們在文明中所設定的「故事」是這樣子：「世界是為人的征服與統治而存在的，而且，人的存在也正為了統治與征服世界。這個世界是可能變成樂園的，要不是因為本質上存在著無可挽回的缺陷。」

這個神話故事是我們所有文化神話學的基礎，而且我在《大猩猩對話錄》裡說過，要人輕易放棄在這個故事裡討生活是不可能的，除非他們有另一個故事可以進入。

我這樣寫的時候，可能會有一些人想像這「另一個故事」是全新創造的，是我或者是一組神話學家坐下來無中生有的戲法，當然，有少數是這樣子的。

不過夠奇怪的，當我想要把這個其實早已在最初三百萬年來，人類生活上演的「另一個故事」說清楚，卻發現說服力不足。這是因為我企圖以某種方式闡述，而這個方式與我們的文化是平行的，即使提出一個又一個論點，也無法盡述。我沒有體會到，長久以來這個「另一個故事」比我們的簡單多了（或者更加原始）。然而其實我早就已經說清楚了，在我的心中，這是最美麗的故事。

**人沒有唯一正確的生活方式。**

## 8. 別被自己綁架、被文化制約

一旦你體認到，就會很清楚這個故事，是在人類最初的三、四百萬年生活中不斷上演的。當然也有一件事很清楚，就是我們的故事，只是在眾多廣大故事中比較特殊的一個。而且在五億年前，這故事一開始就寫進我們的生命共同體裡：「任何事物」都沒有唯一正確的標準方式。

沒有唯一正確的方式夾東西。
沒有唯一正確的方式築巢。
沒有唯一正確的方式設計眼睛。
沒有唯一正確的方式在水中移動。
沒有唯一正確的繁殖方式。
沒有唯一正確的方式教養少年人。
沒有唯一正確的方式製造機翼。
沒有唯一正確的方式捕食你的獵物。
沒有唯一正確的方式保護自己避免被攻擊。

這也就是為什麼我們人類可以在各地繁衍生存，因為我們制定了這個故事，而且運作得很好。一直到一萬年前，有一個非常奇怪的文化突然被某個觀念纏身，認為「人只有唯一正確的生活方式」；事實上，人們也只用唯一正確的方式去做任何事情。

## 9. 自然淘汰所留下的，不見得完美

有些自以為聰明的人士會問出下面問題：「昆恩先生，你不會是說，部落方式就是人類生活的正確方式吧？」我可不是這樣說的。就像我在之前指出的，自然淘汰所留下的禮物，不是最完美的，只不過不容易再有突破。部落方式不見得就是正確的方式，只能說它已經運作了好幾百萬年，而階層制度只不過運作了一萬年，就讓我們面對滅絕的危機。

**我只知道，未來部落的方式也一定會被其他的方式取代，這個方式的運作更能讓我們配合環境，而且一定跟過去非常不一樣。**

畢竟，我不是主張回到三百萬年前的部落方式，或者是目前原住民的生活方式。舊

形態的種族部落，在可預見的未來完全不適合我們。

「新部落革命」的部落主義並不會成為此一提議的結束，或者是必須不計任何代價緊抓不放的「正確」主張，而是一個開始，特別是在我們這個時代。在不久的未來，不是創造一個全新的開始，就是自願加入恐龍的命運。

## 10. 沒人能替你的生活下定義

還是有人要繼續問：「昆恩先生，你不是說，沒有唯一正確的生活方式，而這不就是一個正確的生活方式嗎？」

不是，我不是這個意思，因為這是沒有意義的胡說。所謂「沒有一個正確的生活方式」，並不是一種生活方式；就像「沒有唯一正確的煮蛋方式」，也不代表一種煮蛋的方式。

當你知道了人沒有唯一正確的生活方式，並無法告訴你如何去生活；就像知道了沒有唯一正確的上床時間，無法告訴你什麼時候該上床。

## 11. 把焦點放在「開始」，而不是結束

超越文明不是指一種地理空間，要我們爬到山頂，或是到遙遠的荒島去。那是一種文化空間，讓人群打開新的心靈。

**舊心靈思考：我們如何解決這些問題？**

**新心靈思考：我們如何讓想要的事情發生？**

當你跟朋友討論本書所發現的觀念時，可能很容易發現自己的舊心靈不斷扮演「魔鬼代言人」，總是讓你們的想法集中在困難上，總是把你們的對話釘死在問題上。你們應該把焦點放在你們要什麼，以及如何讓它發生，而不是一味地阻止它發生。

相信嗎？真的有一個人對我說：「你說得很好，但是我們還不是要繳稅？」沒錯，你還是必須把狗綁住，開車時注意速度限制，下了雪還要鏟除你家人行道上的積雪。

而且，搭飛機時提早幾分鐘到機場，依然是個好主意。

## 12. 什麼！沒有奇蹟？

張三與李四到他們朋友王五的小帆船住幾天。有一天早上他們醒來，發現船正在下沉。「老天爺，我們該怎麼辦？」李四問。

「別擔心，」張三說：「王五足智多謀。」李四很緊張，但是張三向他保證，王五絕對不會讓大家淹死。

「距離岸邊不到一百公尺，」王五說：「大家游過去吧！」

「可是我們怎麼解救自己呢？」這兩名朋友很想知道。

「我們當然要游過去呀！」看到張三很失望，王五只好問他怎麼回事。

張三說：「我希望你找到方法，直接把我們送岸上，不要讓我們弄濕。」

早期的讀者對我表達了同樣的失望。**他們希望我能夠從無所不在的掠取者經濟體系中，找到方法，直接把大家送到新經濟的土地上，而且不要「把他們弄濕」。**

最後的新部落經濟（頂多我只能模糊想像）是出現在前方的陸地。要從現代的經濟滴水不沾走過去，這種凌空踩水絕技，我看不會是很小的奇蹟。

# 13.不要浪費時間在企圖爭辯的人身上

你不必知道所有的答案。當然我也沒有這麼多答案。最好的方式就是說，「我不知道」，而不是假裝知道，然後掉進熱鍋。

讓大家形成自己的問題。面對他們的困難，你不必自告奮勇，幫他們想答案。不要企圖回答自己不了解的問題。讓發問的人多方面解釋，一直到你清楚為止，而且十次中有九次，他們會自己得到答案。

人願意傾聽，只要他們準備好傾聽，但在這之前不會。很可能過去你一直沒有準備好傾聽，讓大家依照自己的時間準備傾聽。嘮嘮叨叨或者盛氣凌人，只會讓他們更疏遠。

**不要浪費時間在企圖爭辯的人身上。**這只會讓你永遠跟著團團轉。**找尋那些永遠向新事物開放心靈的人。**

# 14. 改變世界的開始，等你來接續

當此一時刻來臨，我覺得自己就像任何一個作者，都希望為自己的書做一個精彩而具爆發力的結束，一陣激昂地敲鑼打鼓，一道劈開烏雲的強烈日光……但是我想，自然呈現還是最重要的。

那天下午我向瑞妮提過這件事，但純粹只是好玩而已，我並不期待她幫我處理這件事，因為我不覺得這是大問題。事情就這樣懸著，直到半夜三點，瑞妮把我搖醒，向我解釋，以誇張的方式來做結束並沒有任何意義。她提醒我，應該把哈普與C. J.包括在感謝辭裡，而且她首度希望我在書裡面感謝她。

這本書根本沒有所謂的結束，她告訴我，因為這絕對是百分之百的「開始」，當然，她是對的；不過這也正意謂著，這裡不會出現驚天動地的結束。這樣的結束會出現在另外一頁，同時也在封面外，那才是真正革命的發生之地。

這驚天動地的結束、改變世界的開始，就等著你來續接。

# 參考書目


Anderson, Ray C. *Mid-Course Correction: Toward a Sustainable Enterprise: The Interface Model.* Atlanta: Peregrinzilla Press, 1998.

Associated Press. "Brother in Custody for Alabama Death," June 19, 1998.

——. "Child Charged with Attempted Murder," February 21, 1998.

——. "Recent U.S. School Shootings," May 21, 1998.

——. "Homeless Given New Carts in L.A.," July 15,1998.

——. "Berkeley Cracks Down on Homeless," November 26, 1998.

Attali, Jacques. Millennium: *Winners and losers in the Coming World Order.* New York:Random House,1991.

Baltrusch,Libby S. *The New Age Community Guidebook: Alternative Choices in Lifestlyes*. 4th Ed. Middletown, Calif.: Harbin Springs, 1989.

Bass, Dina. "Poll Finds Sharp Rise in Drug Use Among Youngsters." Los Angeles Times, August 14, 1997.

Briggs, John, and David F. Peat. *Seven Life Lessons of Chaos: Spiritual Wisdom from the Science of Change.* New York: HarperCollins, 1999.

Brokaw, Chet. "South Dakota Suicides Worry Officials." Associated Press,March 14, 1998.

Cooper, Diana Starr. *Night Afer Night*. Washington, D.C.: Island Press, 1994.

Côté, James E., and Anton L. Allahar. *Generation on Hold: Coming of Age in the Late Twentieth Century*. New York: New York University Press, 1996.

Culhane, John. *The American Circus: An Illustrated History. New York:*

*Henry* Holt, 1990.

Dawkins, Richard. *The Selfish Gene*. Oxford: Oxford University Press, 1989.

Eppinger, Paul, and Charles Eppinger. *Restless Minds, Quiet Thoughts: A Personal Journal*. Ashland, Or.: White Cloud Press, 1994.

Feldman, S. Shirley, Glen R. Elliot, eds. *At the Threshold: The Developing Adolescent*. Cambridge: Harvard University Press, 1990.

Fernandez, James W., ed. Beyond Metaphor: *The Theory of Tropes in Anthropology*. Stanford:Stanford University Press, 1991.

Gibbs, Nancy. "The Littleton Massacre." Time, May 5, 1999.

Gmelch, Sharon Bohn. "Groups That Don't Want In: Gypsies and Other Artisan, Trader, and Entertainer Minorities." *Annual Review of Anthropology* 15(1986):307-330

Gorbachev, Mikhail. *The Search for a New Beginning: Developing a New Civilization*. San Francisco: Harper San Francisco, 1995.

Gore, Al. Earth in the Balance: *Ecology and the Human Spirit*. New York: Houghton Mifflin, 1992.

Greenberg, Josh. "Teen Drug Use Has Doubled in 4 Years, U.S. Says." Los Angeles Times, August 21, 1996.

Grossman, Ron. "The Smallest Show on Earth: Tiny Troupe Surviving in the Hamlets." *Chicago Tribune*, July 10, 1986.

Irvine, Martha. "Chicago's Homeless Face 'Eviction.'" The Associated Press, January 29, 1999.

Killion, Thomas W., ed. Gardens of Prehistory: *The Archaeology of Settlement Agriculture in Greater Mesoamerica*. Tuscaloosa: The University of Alabama Press, 1992.

Kim, Eun-Kyung. "Survey Shows Teen Drug Use Rose." Associated Press, August 21, 1998.

Knutson, Lawrence L. "Report Cites Harassment of Homeless." Associated Press, January 6, 1999.

Krizter, Jamie. "Teens at Risk: Survey Results Indicate That Young People Are Using Illegal Drugs in Greater Numbers Than Before." *Montgomery Advertiser*, September 22, 1996.

Lee, Richard B., Irven DeVord, eds. Man the Hunter. Chicago: Aldine Publishing Company, 1968.

Lloyd, Leslie. "Six Plead Guilty to Killing Family." Associated Press, February 21, 1998.

Loviglio, Joann. "Philadelphia Sidewalk Law Protested" Associated Press,January 18,1999

Lundy, Katherine Coleman. Sidewalks Talk: *A Naturalistic Study of Street kids*. New York: Garland, 1995.

Marcuse, P. "Neutralizing Homelessness." *Socialist Review* 18(1988):69-96.

Myers, Patricia. "The Circus Is His Life; Aerialist Is 6thGeneration Performer." *Arizona Republic/Phoenix Gazette*, December 27, 1996.

Nissen, Hans J. *The Early History of the Ancient Near East*, 9000-2000 B.C. Chicago: University of Chicago Press, 1988.

Parish, Steven M. *Hierarchy and Its Discontents: Culture and the Politics of Consciousness in Caste Society*. Philadelphia: University of Pennsylvania Press, 1996.

Price, Jenny. "At Least 4 Dead in School Shooting." Associated Press, March 14, 1998.

Reavis, Dick J. *The Ashes of Waco: An Investigation*. Syracuse: Syracuse University Press, 1995.

Ribeiro, Darcy. *The Civilizational Process*. Washington, D.C.: Smithsonian Institution Press, 1968.

Rivera, Barbara. "Circus Life a Family Affair." *Tulsa World*, April 22, 1998.

Sabloff, Jeremy A. "Maya." *Encyclopedia Americana—International Edition*. Danbury, Conn.: Grolier, 1992.

Shiner, Michael, and Tim Newburn. "Definitely, Maybe Not? The Normalization of Recreational Drug Use Amongst Young People." *Journal of the British Sociological Association* 31, 3(August 1997): 511-529.

Suro, Roberto. "Other Drugs Supplanting Cocaine Use; Methaphetamine, Heroin on the Rise, White House Reports." *Washington Post*, June 25, 1997.

Times Books. *Past Worlds: The Times Atlas of Archaeology*. Maplewood, N.J.: Hammond, 1998.

Toth, Jennifer. *The Mole People: Life in the Tunnels Beneath New York City*. Chicago: Chicago Review Press, 1993.

Wagner, David. *Checkerboard Square: Culture and Resistance in a Homeless Community*. Boulder: Westview Press, 1993.

Worden, Amy. "Amish Arrested in Gang Drug Bust." Associated Press, June 23, 1998.

Wright, Talmadge. *Out of Place: Homeless Mobilizations, Subcities, and Contested Landscapes*. Albany: State University of New York Press, 1997.

Zuckoff, Mitchell. "Under the Little Top; Welcome to the Big Apple Circus, Where a Community of Performers Juggles Life's Ups and Downs in a Single Magical Ring." *Boston Globe*, July 5, 1992.

# 我們的聯絡方式

新部落革命如果少了大改革的教育實驗，就什麼也不是，只有大家都能分享彼此的智慧與經驗，並發現更佳的部落生活方式，新部落革命才能成功。所幸，我們現在有很好的傳播媒體——網際網絡，有志一同的讀者可以透過 www.newtribalventures.com，大家一起大冒險。

無法上線的讀者可以透過信件與我聯絡：Beyond Civilization, P.O. Box 66627, Houston TX 77266-6627。你們的來信我們會很感激，而且慎重閱讀，不過我無法親自回覆每一封信，這一點萬請見諒。

**一個人住，不代表孤單，而是快樂自在的象徵！**

# 一個人的生活

## 雖然有點寂寞，卻獨享自在

◎ORANGE PAGE 編輯企劃

◎**頁數**：160 頁　◎**定價**：350 元　◎**尺寸**：17*23 公分

本書內容取材自不同領域而有所成就的美食家、漫畫家、設計師、攝影師、作家等，她們分屬不同年齡層，各自因為不同的理由，過著一個人的生活。用自己所領悟的方式安排生活。雖然偶爾會有孤單、不安的情緒襲來，可是，她們異口同聲表示「不受打擾的自由時間、一個人獨享的自在空間，再再難以被取代」。

---

**選擇過簡單從容的生活，人生將如釋負重，加倍輕鬆喜樂！**

# 放手吧，沒關係的。

## 沒有低谷就不會有高山，沒有結束就不會有開始；留下真正需要，丟掉一切多餘，人生會更輕鬆美好

◎枡野俊明 著（曹洞宗德雄山建功寺主持）

◎**頁數**：288 頁　◎**定價**：300 元

所謂的「煩心事」，就是「煩惱也解決不了的事」。該放手的便放手，這樣才能把有限的人生時間美好運用。心理的慾望太多、環境雜物太多，生活就會更煩躁。選擇過簡單而從容的生活，人生將如釋重負，加倍輕鬆喜樂。

---

訂購專線：02-23925338 分機 16　劃撥帳號：50130123　戶名：幸福綠光股份有限公司

# 新自然主義 新醫學保健 | 新書精選目錄

| 序號 | 書名 | 作者 | 定價 | 頁數 |
|---|---|---|---|---|
| 1 | 減重後，這些疾病都消失了！劉博仁醫師的營養療法奇蹟⑤ | 劉博仁 | 330 | 224 |
| 2 | 吃對保健食品②天然篇：江守山醫師教你聰明吃對 12 大天然保健品 | 江守山 | 330 | 224 |
| 3 | 好眼力：護眼、養眼、治眼全百科：百大良醫陳瑩山破解眼科疑難雜症 | 陳瑩山 | 330 | 224 |
| 4 | 筋骨關節疼痛防治全百科：骨科專家游敬倫整合中西醫學最新對症療法 | 游敬倫 | 330 | 224 |
| 5 | 腎臟科名醫江守山教你逆轉腎：喝對水、慎防毒、控三高 | 江守山 | 330 | 280 |
| 6 | 完全根治耳鼻喉疾病，眩暈、耳鳴、鼻過敏、咳嗽、打鼾：劉博仁醫師的營養療法奇蹟 | 劉博仁 | 330 | 240 |
| 7 | 情緒生病，身體當然好不了：黃鼎殷醫師的心靈對話處方 | 黃鼎殷 | 330 | 240 |
| 8 | 健檢做完，然後呢？從自然醫學觀點，拆解數字真相，掌握對症處方，找回健康！（附 CD） | 陳俊旭 | 350 | 272 |
| 9 | 動動腳趾頭：1 分鐘拉腳趾健康法 | 松藤文男<br>金井一彰 | 280 | 176 |
| 10 | 挺起胸伸直背：1 分鐘脊椎矯正健康法 | 酒井慎太郎 | 280 | 184 |
| 11 | 顧好膝關節：1 分鐘關節囊矯正健康法 | 酒井慎太郎 | 300 | 224 |
| 12 | 轉轉腳踝：1 分鐘足部穴位健康法 | 福辻鋭記 | 250 | 128 |
| 13 | 1 分鐘治好腰痛：50,000 人親身見證，最有效的腰痛改善法 | 小林敬和 | 280 | 192 |
| 14 | 都是自律神經惹的禍【體重篇】：自律神經專家郭育祥的健康瘦身必修學分 | 郭育祥 | 320 | 256 |
| 15 | 安心好孕：江守山醫師教你遠離毒素，健康受孕、養胎、坐月子 | 江守山 | 192 | 350 |
| 16 | 如何挑選健康好房子【增訂版】：江守山醫師的安心選屋指南 | 江守山 | 272 | 420 |
| 17 | 不運動，當然會生病！【增訂版】：游敬倫醫師的極簡運動療法 | 游敬倫 | 288 | 360 |
| 18 | 你的聽力受損了嗎？台灣將近 10% 人口聽力受損！ | 余仁方 | 208 | 220 |
| 19 | 體態決定你的年齡：黃如玉醫師的脊骨平衡超逆齡手冊 | 黃如玉 | 202 | 350 |

# 新自然主義 綠生活｜新書精選目錄

| 序號 | 書名 | 作者 | 定價 | 頁數 |
|---|---|---|---|---|
| 1 | **放手吧，沒關係的**。沒有低谷就不會有高山，沒有結束就不會有開始；留下真正需要，丟掉一切多餘，人生會更輕鬆美好 | 枡野俊明 | 300 | 280 |
| 2 | **狗狗心裡的話**：33 則毛小孩的療癒物語 | 阿內菈 | 250 | 160 |
| 3 | **生命中的美好陪伴**：看不見的單親爸爸與亞斯伯格兒子 | 黃建興 | 250 | 184 |
| 4 | **綠色魔法學校**：傻瓜兵團打造零碳綠建築（增訂版） | 林憲德 | 350 | 224 |
| 5 | **我愛綠建築**：健康又環保的生活空間新主張（修訂版） | 林憲德 | 260 | 168 |
| 6 | **千里步道，環島慢行**：一生一定要走一段的土地之旅（10 周年紀念版） | 台灣千里步道協會 | 380 | 264 |
| 7 | **鷹飛基隆**：台灣最美的四季賞鷹秘境 | 陳世一 | 224 | 450 |
| 8 | **【彩色圖解】環境荷爾蒙**：認識偷走健康．破壞生態的元兇塑化劑、雙酚 A、戴奧辛、壬基酚、汞… | 台灣環境教育協會 | 208 | 380 |
| 9 | **綠色交通：慢活．友善．永續**：以人為本的運輸環境，讓城市更流暢、生活更精采（增訂版） | 張學孔<br>張馨文<br>陳雅雯 | 380 | 240 |
| 10 | **亞曼的樸門講堂**：懶人農法．永續生活設計．賺對地球友善的錢 | 亞曼 | 380 | 240 |
| 11 | **我們的小幸福小經濟**：9 個社會企業熱血追夢實戰故事 | 胡哲生、梁瓊丹<br>卓秀足、吳宗昇 | 350 | 240 |
| 12 | **英國社會企業之旅**：以公民參與實現社會得利的經濟行動 | 劉子琦 | 380 | 240 |
| 13 | **省水、電、瓦斯 50% 大作戰 !!** 跟著節能省電達人救地球 | 黃建誠 | 350 | 208 |
| 14 | **我在阿塱壹深呼吸**：從地理的「阿塱壹古道」，見證歷史的「瑯嶠 - 卑南道」 | 張筧<br>陳柏銓 | 330 | 208 |
| 15 | **恆春半島祕境四季遊**：旭海．東源．高士．港仔．滿州．里德．港口．社頂．大光．龍水．水蛙窟 11 個社區．部落生態人文小旅行 | 李盈瑩<br>張倩瑋<br>張筧 | 350 | 208 |
| 16 | **一個人爽遊：東港．小琉球**：迷人的海景．生態．散步．美食．人文 | 洪浩唐 | 330 | 190 |
| 17 | **荷蘭，小國大幸福**：與天合作，知足常樂：綠生活＋綠創意＋綠建築 | 郭書瑄 | 320 | 224 |
| 18 | **挪威綠色驚嘆號！**活出身心富足的綠生活 | 李濠仲 | 350 | 232 |

# 當文明成為高牆 Beyond Civilization

## 為什麼生活在進步的社會卻不快樂？


作　　者　丹尼爾・昆恩（Daniel Quinn）
翻　　譯　黃漢耀

總 編 輯　蔡幼華
責任編輯　何喬、王桂淳
編輯顧問　洪美華
行　　銷　莊佩璇
讀者服務　黃麗珍、洪美月、巫毓麗
出　　版　新自然主義・幸福綠光股份有限公司
　　　　　台灣蠻野心足生態協會
地　　址　台北市杭州南路一段63號9樓
電　　話　(02)2392-5338　傳真：(02)2392-5380
網　　址　www.thirdnature.com.tw
E-mail　reader@thirdnature.com.tw
電腦排版　中原造像股份有限公司
印　　製　中原造像股份有限公司
初　　版　2003年7月
二版一刷　2018年2月
郵撥帳號　50130123 幸福綠光股份有限公司
定　　價　新台幣280元





ISBN 978-986-95629-8-0

總經銷：聯合發行股份有限公司
新北市新店區寶橋路235巷6弄6號2樓
電話：(02)29178022　傳真：(02)29156275

國家圖書館出版品預行編目資料

當文明成為高牆 Beyond Civilization／丹尼爾・昆恩（Daníel Quinn）著；黃漢耀譯. -- 二版. -- 臺北市：幸福綠光, 2018.02
　面；　公分
譯自：Beyond civilization : humanity's next great adventure
ISBN 978-986-95629-8-0（平裝）

1.文化理論　2.人類生態學　3.社會變遷

541.201　　107000746

## 新自然主義 讀者回函卡

書籍名稱：《當文明成為高牆 Beyond Civilization》

■ 請填寫後寄回，即刻成為新自然主義書友俱樂部會員，獨享很大很大的會員特價優惠（請看背面說明，歡迎推薦好友入會）

★ 如果您已經是會員，也請勾選填寫以下幾欄，以便內部改善參考，對您提供更貼心的服務

● 購書資訊來源：□逛書店 □報紙雜誌廣播 □親友介紹 □簡訊通知 □新自然主義書友 □相關網站

● 如何買到本書：□實體書店 □網路書店 □劃撥 □參與活動時 □其他

● 給本書作者或出版社的話：

■ 填寫後，請選擇最方便的方式寄回：

（1）傳真：02-23925380

（2）影印或剪下投入郵筒（免貼郵票）

（3）E-mail：reader@thirdnature.com.tw

（4）撥打02-23925338分機16，專人代填

姓名：＿＿＿＿＿＿ 性別：□女 □男 生日：＿＿年＿＿月＿＿日

★ 已加入會員者，以下框內免填

手機：＿＿＿＿＿＿ 電話（白天）：（　）＿＿＿＿＿＿

傳真：（　）＿＿＿＿＿＿ E-mail：＿＿＿＿＿＿

聯絡地址：□□□□□ ＿＿＿＿縣（市）＿＿＿＿鄉鎮區（市）

＿＿＿＿路（街）＿＿段＿＿巷＿＿弄＿＿號＿＿樓之＿＿

年齡：□16歲以下 □17-28歲 □29-39歲 □40-49歲 □50~59歲 □60歲以上

學歷：□國中及以下 □高中職 □大學/大專 □碩士 □博士

職業：□學生 □軍公教 □服務業 □製造業 □金融業 □資訊業 □傳播 □農漁牧 □家管 □自由業 □退休 □其他

## 寄回本卡，掌握最新出版與活動訊息，享受最周到服務

加入新自然主義書友俱樂部，可獨享：

### 會員福利最超值

1. 購書優惠：即使只買1本，也可享受8折。消費滿900元免收運費。
2. 生　日　禮：生日當月購書，一律只要定價75折。
3. 社　慶　禮：每年社慶當月（3/1~3/31）單筆購書金額逾1000元，就送價值300元以上的精美禮物（贈品內容依網站公布為準）。
4. 即時驚喜回饋：（1）優先知道讀者優惠辦法及A好康活動
（2）提前接獲演講與活動通知
（3）率先得到新書新知訊息
（4）隨時收到最新的電子報

### 入會辦法最簡單

請撥打02-23925338分機16專人服務；或上網加入http://www.thirdnature.com.tw/

（請沿線對摺，免貼郵票寄回本公司）

□□□□□

姓名：

地址：＿＿＿＿市/縣＿＿＿＿鄉鎮/市區＿＿＿＿＿＿路/街＿＿＿＿段
＿＿＿＿巷＿＿＿＿弄＿＿＿＿號＿＿＿＿樓之＿＿＿

廣告回函
北區郵政管理局登記證
北台字03569號
免貼郵票

# 幸福綠光股份有限公司
# 新自然主義股份有限公司


地址：100 台北市杭州南路一段63號9樓
電話：(02)2392-5338　傳真：(02)2392-5380
出版：新自然主義・幸福綠光
劃撥帳號：50130123　戶名：幸福綠光股份有限公司